石井家の人びと

「仕事人間」を超えて

石井寛治【編】

日本経済評論社

目　次

第1部　田園調布の石井家の子どもたち──六男一女の「七福神」

石井寛治

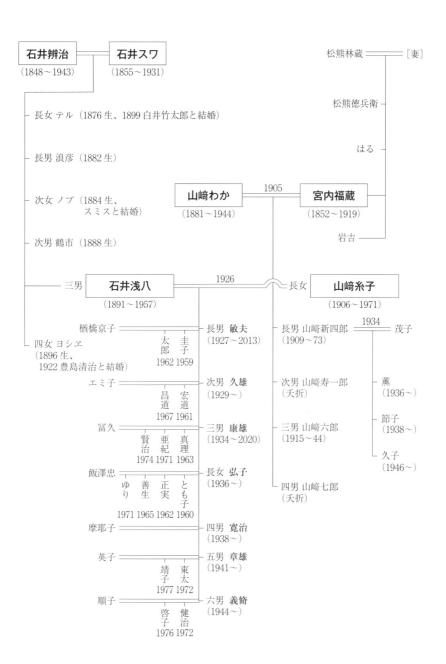

は じ め に

石井　寛治

　本書は、20世紀日本を東京の南端の田園調布という町で生きた逓信官僚石井浅八とその妻糸子、そして7人の子どもたちの生活と仕事の歴史である。第1部では激変する時代と社会のなかで石井家の人びとが家族としてどのように生きたかを編著者である寛治が時代順に追い、子どもたちがそれぞれの仕事を得て親元から独立するまでの様子を描く。第2部では理科系タイプの浅八と文科系タイプの糸子から生まれた多様な性格の子どもたちが、異質な職業においてそれぞれ働く姿を本人ないしその近親が振り返る。そうした家族の労働を含む生活史を描くときに、寛治がとくに注目した問題点は、主として次の3点である。

　第1点は、四国の農家出身で京大卒の技術者浅八（1891-1957）と九州の商家出身で音楽好きの糸子（1906-1971）というきわめて対照的な経歴と性格をもつ夫婦から、いかに多様なタイプの子どもが生まれ、どのような仕事を選んで社会に巣立ってゆき、どんな仕事を成し遂げようとしたかという職業選択の問題である。石井夫妻のルーツを辿ってゆくと、おそらく父方は東南アジアから琉球列島伝いに日本列島の四国に辿りついた人びとであり、母方はアジア大陸から朝鮮半島伝いに九州に上陸した渡来人だろうと想像されるが、長い歴史のなかで形成された両者の性格の違いはきわめて大きかったに違いない。生物学的に言えば、異系統の「一代交雑種」であったからこそ、優れた資質と特徴的な性格をもつさまざまな子どもが誕生したのであろう。

　20世紀には、子どもたちが、父親譲りの理系職業と母親譲りの文系職

業にそれぞれ分かれることになるが、各自がどのような職業を選択するかということは、そう簡単に決まるものではない。アジア太平洋戦争までの石井家は、浅八が逓信省の技術系高級官僚であったから、経済的には比較的恵まれ、子どもたちが高等教育まで受けることが可能であったし、敗戦後に経済的困難に陥ったときも両親は子どもの教育については優先的に取り組んでいた。したがって、難しい問題は、それぞれの子どもがどのような仕事に向いているかを発見するまでの試行錯誤の過程であり、自分が将来やりたい仕事を目指して進むにあたって父親と母親の双方の理解と支援を得られるかどうかであった。

　両親のうちでは、母親の糸子が、祖母にあたる山﨑わか譲りのリベラルな教育方針をもち、さまざまに異なる子どもたちの個性に応じた自由な職業選択を認めようとしたのに対して、父親の浅八は、自分がよいと考える職業選択を子どもに期待し要請するという昔ながらの家父長制的傾向があったため、意見の対立は、主として父親と子どもの間で発生した。とくに父と子の意見のギャップを拡大したのは、敗戦と戦後改革による時代の急激な変化であり、新しい時代の空気のなかで育った子どもたちは、教育熱心ではあるが古くからの自分本位の指導方針を変えられない浅八との意識の差に悩まされた。以下では、まず、子どもたちが自分の職業を選ぶべくいかなる紆余曲折を辿ったかを追うことにしたい。

　第2点は、子どもたちが、自分の選ぶことのできた仕事においてどのように働いたかという、今の言葉でいえば「働き方」の問題である。日々の暮らしのなかでの労働の位置づけと言ってもよい。

　日本人は歴史的には、中世後半に小農社会の一員として歩みはじめる際に、「勤勉革命」と呼ばれるほど猛烈に働くようになったと言われるが、そのためのエートスを提供したのは民衆に根を下ろした浄土真宗などの鎌倉仏教の僧侶たちであり、彼らはインド仏教や中国仏教に希薄だった勤労

の倫理を唱えたという（芹川博通『環境・福祉・経済倫理と仏教』ミネルヴ
ァ書房、2002 年）。近世初頭の鈴木正三（しょうさん）（1579-1655）に至っては、「皆さん
の生業がとりもなおさず仏業である」とし、「一鍬々々に南無阿弥陀仏々々
と称えながら耕作したら必ず仏果〔仏の境地〕に至るであろう」と説いた
という（藤吉慈海『日本の禅語録 14』講談社、1981 年、128-129 頁）。全力を
あげて仕事に打ち込むことが、そのまま仏の境地に達するというのであり、
そこには小農社会において日々労働する民衆が、どのように休養をとり、
心身のリフレッシュをはかるべきかについての明示的な教えはなかったよ
うである。こうした労働時間の歯止めを欠く仏教的労働観こそが、近世を
通じて日本経済がインド・中国の経済水準を追い抜いた（『岩波講座　日本
経済の歴史 2　近世』岩波書店、2017 年）もっとも重要な主体的条件だった
と思われるが、そうした労働観は宗教色を薄めつつも近代日本を支配し、
現代日本の「会社人間」と「過労死」を生んだと寛治は考えている。

　キリスト教の場合は、エデンの園を追い出されてからの「懲罰としての
労働」が宗教改革を転機に勤勉重視の機能を果たすようになるが（今村仁
司『仕事』弘文堂、1988 年）、同時に、「安息日を覚えて、これを聖とせよ。
六日のあいだ働いてあなたのすべてのわざをせよ。七日目はあなたの神、
主の安息であるから、なんのわざもしてはならない」（『旧約聖書』「出エジ
プト記」第 20 章 8-10 節）と、モーセの十戒にある「安息日」の労働の厳
禁が労働時間の延長への大きな歯止めになった。『新約聖書』では、イエ
スが「安息日は人のために定められた。人が安息日のためにあるのではな
い」（「マルコによる福音書」第 2 章 27 節）と述べたことを理由に、「安息日」
の戒律の相対化が説かれることが多いが（荒井献『問いかけるイエス』日本
放送出版協会、1994 年）、その後のキリスト教の歴史では「安息日」はイエ
スの復活した「主の日」に取って代わられつつ、「日曜日」一般として世
俗化した形で世界的に広まったことが重視されなければならない。そこに
は、宗教的理由だけでなく、労働と休息のリズムを保障する合理的理由が

あったと見るべきであろう。

　「過労死」が翻訳不可能な日本特殊の現象であると思われたのは、上述のような仏教的労働観とキリスト教的労働観の相違に根差すものではなかろうか。もちろん、そうした労働観は時代と共に大きく変化しており、宗派による違いもあるため、一括して論ずることは難しい。例えば今日における日本の仏教寺院が仏教的労働観を門徒に日常的に説いているかどうか、また、キリスト教伝来の「安息日」が果たして心身のリフレッシュの機会になっているか否かについては実証的な検討が必要であろう。わが石井家の人びとの労働観については、父親の浅八に対する逓信省の同僚たちによる追悼文のなかで、「仕事の権化」のような人物であり、部下たちから恐れられていたと評していることが問題になろう。浅八に率いられた石井家の子どもたちは、当然ながら「仕事の権化」と呼ばれた「仕事人間」浅八の背中を眺めながら育ったわけで、父親と同じような仕事のできる職業を求めて、必要とあれば、日本を脱出して長男敏夫のようにアメリカ合衆国の大学に勤めるか、五男章雄のようにアジア諸国やアメリカ合衆国で働くことになった。そうした働きがいのある仕事において、彼ら・彼女らは、労働と休息のバランスをどのように取りつつ生活していたのであろうか。非キリスト者の敏夫と章雄が海外で身体を壊すほど働いたのに対し、同じく非キリスト者の三男康雄は労働と休息を両立させる独特の生活スタイルを生み出した。キリスト教徒の次男久雄、長女弘子、四男寛治、六男義脩は、「仕事人間」の父を追いつつもそれを超える途をそれぞれ探し求め、義脩に至っては「過労死」対策の専門家となった。宗教信仰の有無と直結させるのでなく、それぞれの子どもの「働き方」を具体的な事実に即して考えてみたい。

　第3点は、何のために働き、何のために生きるのかというもっとも根源的な問いであり、そうした問いかけをいかにして自己に投げかけたかとい

う問題である。これは石井家の一人ひとりにとって最終的な問いかけであり簡単には答えられないであろう。

　父浅八について言えば、その大先輩は逓信官僚の元祖の前島密（1835-1919）である。2019 年は前島密没後百年を記念したシンポジウムが開催され、寛治はパネラーのひとりとして「文明開化の担い手たち――前島密の位置」と題する報告を行った（『郵政博物館研究紀要』第 11 号、2020 年）。そこで指摘したのは、明治期においては、政治指導権は薩長藩閥が握っていたのに対して、「文明開化」を担ったのは福沢諭吉や前島密、渋沢栄一といった旧幕臣が中心であり、実務官僚クラスや経済活動の担い手の多くは旧幕臣や民間豪商農だったことである。前島は、英語や数学を学び、経験を重視する合理的態度によって政策立案者として抜群の役割を果たしたが、上役の大隈重信は彼の誠実な人格を高く評価していた。前島の誠実さを支えていたのは、彼が自分の癇癪持ちで感情的な短所を補おうと禅宗に興味を持ち、書斎に取り揃えた「大蔵経」〔仏教聖典の総集版〕を繰り返し繙いては学んでいたことにあった。同様なことは渋沢栄一（1840-1931）についても当てはまり、民間に下野して第一国立銀行を経営する際に、「志をいかに持つべきか」を考えた渋沢は、幼少の頃に習った『論語』の精神に依拠しようと考えたという。前島や渋沢が仏教典や論語に記された普遍的価値に即した生き方を追求しているのに対して、政治指導者の山縣有朋や伊藤博文らは、世界宗教に代表される普遍的価値への関心は乏しく、国家神道という個別的価値への関心が強まってゆき、政治指導層と実務官僚層・豪商農層のエートスには大きな断層があった。

　石井浅八は、最晩年に至るまで、前島密を顕彰する前島会に出席し、敗戦後の乏しい家計から多額の寄付を行っているが（『糸子日記』1955.10.4, 10.8, 1957.10.26）、前島の精神生活から学んだ形跡はない。まじめ一本槍の官僚浅八に欠けていたものが、絶対的な存在の前に自己を顧み、自らの生き方を反省する精神的余裕であったことは、第 1 部でも触れることになろ

う。あらかじめ注意しておきたいのは、浅八の生年が1891年（明治24）と、前島や渋沢より半世紀後のことであり、寺子屋での中国古典を中心とする教育を受けた経験がなかったこと、義務教育として受けた小学校教育では、修身の授業はあったけれども、1900年の小学校令改訂で修身徳目からキリスト教的な「良心」と儒教的な「人道」が削除されたように、しだいに世界宗教の説く普遍的価値に立脚する教育が消滅していったことである（宮地正人『国民国家と天皇制』有志舎、2012年）。そうした教育を受けた上で、猛烈な勉強家であった浅八は、電気工学を中心とする最先端の理系教育を京都帝国大学で受けることになる。このことは、高等教育で専門的知識を学んだエリート層が、専門の分化に伴い、よほど自覚的に人間存在に関するいわゆる教養教育を受けそこから学び取ろうと努力しない限り、その専門知識を正しく生かすことができないことを示唆している。石井家の場合は、そうした問題は、例えば、戦後におけるキリスト教信仰の問題やマルクス主義の提起する生き方をどう受け止めるかをめぐって噴出し、それぞれがみずからの生き方を支える精神的基盤を求めていかに格闘したかが問われることになろう。

　以上の3点は、編著者としての寛治が執筆している間にしだいに浮かび上がってきた論点であり、執筆者各位に前もって示したものではない。第2部の自伝や回顧は、自由に思ったことを書いてくださいと依頼したものばかりである。したがって、ここに記した3つの論点は、それらの叙述のなかから読者に汲みとっていただくしかないが、汲みとるべき素材はいろいろと提供できているものと信じる。本書の執筆を通して、石井家の子どもたちは、いわば「君たちはどう生きるか」という問いかけに対して、「わたくしたちはこう生きた」という報告を開示することになった。自らのことを語るにあたって、開示できない部分もあったし、身びいきな評価を与える傾向もあったと思う。しかし、20世紀を懸命に生き抜いた自分たち

の生きざまをこうした形で記録し公開することを通して、自分たちの身内
や仲間たちに支えられてきたことへの感謝の気持ちをあらわすだけでなく、
人間の一生とはこのようなものだという何らかの教訓の事例として、心あ
る人々によって読まれることがあれば、これに過ぎる喜びはない。

　なお、本書は、第1部を編者の四男寛治が執筆し、第2部は各章の冒頭
の節をイントロダクションとして寛治が書き、以後の節を本人ないし家族
の代表者が執筆した。本書の狙いは石井浅八・糸子夫妻と7人の子どもに
限定しているため、子どもたちの結婚相手に関する叙述は、弘子・寛治の
ように仕事上のパートナーである場合を除いて書かれていないこと、孫に
関する記述も必要最低限に限られていることをお断りしておきたい。

第 1 部

田園調布の石井家の子どもたち

―六男一女の「七福神」―

石井　寛治

第1章　技術官僚と博多商家の見合い結婚

四国の半農半工の農家出身、京大卒の技術系官僚石井浅八

　四国香川県出身の逓信官僚石井浅八(あさはち)（1891〔明治24〕. 11.8-1957.11.1）と九州福岡県の博多商人の娘山﨑糸子(いとこ)（1906〔明治39〕. 3.13-1971.1.18）が見合い結婚をしたのは、1926年（昭和元）4月のことであった。それぞれ34歳、20歳であったこの夫婦は、その後1944年（昭和19）にかけての18年間に、

当時としては珍しいことではないが六男一女の子どもに恵まれ、いずれも成人させた。浅八の率いる石井家家族のイメージを示すために、『人事興信録　第13版』（人事興信所、1941年、イ127頁）の「石井浅八」の項目の主要部分をまず引用しよう〔ここには、当然ながら五男章雄(あきお)（1941生）と六男義脩(よしまさ)（1944生）は含まれていない。また浅八は間もなく従四位勲三等になった〕。

　石井浅八　従四位勲四等　逓信技師兼任逓信局

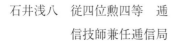

石井浅八と山﨑糸子の結婚式（1926年4月）

技師　東京都市遞信局工務部長　陸軍省嘱託　香川県在籍

妻　糸子　明三九生　福岡　山﨑儀市〔儀八〕長女　県立福岡高女出身

男　敏夫　昭二生

香川県石井辨治の三男にして大正七年京都帝大電気科を卒業し、遞信省に入り、札幌遞信局機械課長、熊本遞信局機械線路各課長工務課長代理、遞信技師工務局、日満電話建設課長等を歴任し、昭和十四年十月現職に就く。昭和五年英米両国に留学、同六年巴里国際会議に出席を命ぜられ、昭和七年帰朝す。趣読書　宗真言宗。尚ほ二男久雄（昭四生）、三男康雄（昭九生）、長女弘子（昭一一生）、四男寛治（昭一三生）あり。

　香川県三豊郡上高瀬村〔現・三豊市〕農民の三男浅八と、福岡県福岡市の博多商人の長女糸子の２人を結びつける共通項は、さしあたり日本国民という以外に何もない。そうした２人が一体どのようにして結ばれたのであろうか。

　浅八の生まれた石井辨治家は、浅八の次男久雄の記憶によれば、所有田畑はほぼ700坪（２反３畝）だったというから、それに加えて小規模な耕地を小作地として借り入れる自小作農だったものと思われる。『上高瀬村史』（1951年）によると、農地改革直前の同村小作地は合計250町歩で全耕地の63％にも達する高率であったが、同村では８反以上の農地を解放した村内地主は６町３反をトップに20名に過ぎず、大地主は少なかった。農地改革以前の自小作農石井家の生計を支えたのは、先祖伝来の宮大工としての仕事であったことも注目される。宮大工というのは一般の大工と異なり高度の熟練が求められたことから、村内での石井家の社会的地位はかなりのものだったと想像される。しかし、三男であった浅八とすれば、自立するためには石井家の所有資産をあてにすることはできないから自活の

途をもとめなければならなかった。

　浅八の父辨治（1848〔嘉永元〕-1943）は、三好鉄造の長男が先代石井辨造の養子となり襲名し、妻のスワ（1855〔安政 2〕-1931）は藤田豊造の長女であった。辨造・スワ夫妻は、男女 4 人ずつの子どもを授かったが三女と四男は夭折した。長女テル（1876 年生）は白井竹太郎と結婚し、長男浪彦（1882 年生）は 1943 年に家督相続した。次女ノブ（1884 年生）はイギリス人貿易商と結婚、次男鶴市（1888 年生）には貞彦（1922 年生）が生まれた。三男浅八（1891 年生）の妹ヨシヱ（1896 年生）は豊島清治と結婚した（以上、辨治の除籍簿による）。

　浅八がどのようにして最高学府である京都帝国大学に合格し、入学できたのかは明らかでない。おそらく、郷土の目立った秀才の大学進学を支援する社会組織や篤志家からの支援もあったのであろう。京都帝国大学合格時の 1915 年（大正 4）7 月の浅八は 23 歳であったから、後に浅八の長男敏夫が最短の 18 歳で東京大学に合格したのと比べれば、若干の回り道を余儀なくされたと言えよう。無資産というギャップを突破したものが最終的には浅八の猛烈な勉強ぶりであったことは言うまでもあるまい。後年の浅八は、自分は毎日英単語を 100 個覚えることにしたが、そうすれば 90個忘れても十分語学力が蓄積できるのだと子どもたちに向かって説いており、また、とりわけ数学が得意であった浅八は、四男寛治の東大受験を支援するつもりで新聞に掲載された難問を自分で解いてみせるのを楽しんでいたことが思い出される。こうして京都帝国大学の電気学科を卒業した浅八は、電信電話事業の発展を支えるべき人材として逓信省に入り、技師として札幌逓信局を始点に熊本逓信局に移り、1924 年 10 月に福岡駐在から熊本駐在にかわったあたりで山﨑糸子と出会うことになる。近世日本であれば、讃岐国の半農半工の百姓の三男坊が遠い肥後国で仕事にありつくような機会は全くなかったはずであるが、近代日本では格差社会を最下層から最頂点の帝国大学へと貫く回路が設定され、その回路を浅八が幸いにも

辿ることによって全国規模の官営通信網の担当技術者に採用され、熊本逓信局で働く機会を得たのであった。

九州博多の新興商人・教育者の山﨑わかとその娘糸子

　これに対して、山﨑糸子が20歳という当時としてはやや遅い年齢での見合いに応じた一因は、宮崎県出身の婚約者が病気で亡くなるという不幸な事態にあったといわれるが、その間の事情は詳らかでない。ここで指摘したいのは、糸子の両親の出会いの問題である。先に引用した『人事興信録』の記載では、糸子の父親は山﨑儀市〔戸籍では儀八〕なる人物とされているが、糸子の実父は宮内福蔵（1852〔嘉永5〕-1919）で、母親は山﨑わか（1881〔明治14〕-1944）であり、宮内の死後、1921年2月に山﨑わかが生家から分家した上で、1924年7月に儀八が糸子らを認知したようである。糸子の葬儀の際の弟山﨑新四郎の説明によれば、宮内は千葉県銚子の松熊林蔵家の出身であり、東京で1881年に「手形ビール」を製造・発売した国産ビールの先覚者であったが、途中で失敗して大阪の大阪麦酒会社に工場設備を売却、そこで作った「アサヒビール」を宮内が支配人として西日本さらに大陸へも販売したそうである。販売拠点とした福岡市で宮内は同県西端の糸島郡加布里〔現・糸島市〕から福岡に出てきて働いていた山﨑わかと出会い、1905年に共同でアサヒ屋という麦酒・食品問屋を開設し、国産アサヒビールの販売を中心にアサヒ屋は急成長した。

　その翌年に生まれたのが山﨑糸子であるが、宮内はそれ以前に関西で結婚したことがあり、宮内姓の子どもたちがいるためもあって、山﨑わかは宮内姓を名乗らず、山﨑姓を変えなかった。今日風に言えばシングルマザーに近い存在ということであるが、宮内は晩年には福岡の山﨑わかのもとで過ごすことが多く、糸子に続いて新四郎、寿一郎〔夭折〕、六郎、七郎〔夭折〕が生まれ、1919年7月9日に宮内が肝臓癌のために死去したのは福岡のアサヒ屋においてであった。

　この年度の『福岡市商工人名録』によれば、同市麹屋町の洋酒店アサヒ
ヤは宮内福蔵名義で、営業税190円70銭と同市洋酒商としてはトップの
営業規模を誇っており、所得税130円68銭（1917年度・課税所得2,904円）
は同市の食料品関係商店全体の第19位に位置していた。日本酒商のトッ
プ許斐儀七（営業税236円、所得税1,505円）などには所得面で劣るとはいえ、
開業後12年の新規参入者としては目覚ましい成長ぶりで資本を蓄積して
いたと言えよう。注目すべきは、アサヒ屋洋酒店の経営は、最初は宮内の
主導権のもとにあったとはいえ、次第に山﨑わかの手によって経営され拡
大していったことである。1920年度版の商工人名録には、アサヒ屋は天
神町の大日本麦酒九州支店として記載され、営業税は847円に増えており、
1934年度版では営業税は2,706円と洋酒商トップの座を維持しつつ増加し
ている。こうした経営拡大は糸島郡加布里の旧家の出である山﨑わかが、
宮内にその商才を見込まれるだけの資質をもっていたことを証明するもの
と言えよう。山﨑新四郎の説明によると、宮内と山﨑は、日露戦争と第一
次世界大戦におけるロシア軍とドイツ軍の捕虜収容所に洋酒や食品の売店
を設ける特権を手に入れて販路の急拡大に成功したという商才を有してい
た。

　山﨑わかは優れた商才の持ち主であっただけでなく、社会的活動におい
ても特筆すべき足跡を残した。それは、西山健児・城一寿『月影踏み
て――夜間中学を作った六人のごりょんさん』（非売品、2016年）が詳細
に明らかにした福岡夜間中学の設立運動に尽力した「六人のお母さん」の
ひとりとしての活躍である。同中学の後身である県立福岡高校定時制
（2001年閉校）の元教師西山・城両氏が、上記6人の孫たちの助けを借り
つつ豊富な学校経営文書や新聞等によって執筆した同書によれば、向学心
に燃えながら進学の機会を奪われた若者たちに勉学の途を与える夜間中学
を市民からの寄付を集めて設立・運営しようという運動は1922年に始ま
った。山﨑わかはその中心グループに属して大活躍し、募金集めに努める

とともに自らも 500 円という多額の寄付を行い、翌 1923 年には設立に漕ぎつけ、県立に移管される 1933 年まで幾多の優秀な生徒の教育のために尽力したのである。このような山﨑わかの「教育」にかける思いは、娘の糸子にも引き継がれ、石井家の子どもたちの育て方に大きな影響を与えることになる。

スペイン風邪を克服した山﨑糸子の多難な前途

山﨑わかの長女糸子は、博多で育ったとはいえ、実際には母の故郷である糸島郡加布里で過ごすことが多く、小学校時代は主として加布里で過ごしたのではないかと思われる。尋常小学校 6 年生の「大正六年度　夏休課題帖」の 8 月 1 日の項に、上級学校進学者は「此の夏休みも昼まで学校で勉強することに相談がまとまって」今日から実行だ、と記した糸子は、8 月 15 日の項に次のように記している。「足ぶり」が思わしくないのは、多分受験勉強による疲れのせいであろう。

> いよいよ明日で盆がすむのだ。加布里では例年の通り盆おどりがある。私もおどりに出て見やうとは思ったが足ぶりがどうも思はしくないので、それも終にあきらめた。寝て居ると今まで見て来た盆おどりの様が色々目の前に浮かんでくる。あのしし〔獅子〕まはしのこっけいな有様、りっぱなはいから〔high collar〕さんに化けた男それぞれ面白い工夫をこらして手ぶり足ぶり面白くおどって居た。私も共にうかれてゐる様だ。かすかにおどりのたいこが聞える。ああおどりたいおどりたい。あんなに面白くおかしく何事も忘れておどって見たいと思った。

糸子は四男寛治が生まれた頃にあたる 1939 年当時すでに喘息の発作に悩まされていたが（『糸子日記』1939.10.25　以下同様に、日付けは日記に記載

のもの）、戦後は過労がたたって発作がひどくなり、1949 年の秋などは、寝たり起きたりの日々を送るほどであった（1949.9.5-12.10）。その糸子も、東京から生まれ育った博多に帰郷すると「喘息を忘れてぐっすり眠る」（1968.10.15）ことができたという。博多の街と海岸の加布里の村の心地よい気候に包まれて育った糸子の身体は、東京という空気の汚れた大都会には適応しにくかったのであろう。

　しかし、若い時期の糸子は心身ともに健康に育ちつつあった。そのことを証明するのが 1920 年 1 月から 2 月にかけてスペイン風邪に罹って死の危険に直面した糸子が、その危機を乗り越えて回復した事件である。この時は末弟の七郎が亡くなるという悲劇もあり、糸子は廃棄した当時の日記帳のうち関連部分の断片をわざわざ残している。1918 年から 1920 年にかけて大流行したこのインフルエンザについては、速水融『日本を襲ったスペイン・インフルエンザ』（藤原書店、2006 年）が詳しいが、日本内地だけで人口のほぼ 1% 近い 56 万人の死者を出しており、流行は特に糸子のいた福岡県などで平均を上回る死者を出し、山﨑家も被害にあったのである。流行の最終段階に感染・入院し、1920 年 2 月 25 日に退院した糸子は、日記に次のように記している。少し長いが貴重な記録なので引用しよう。

　　今日いよいよ退院した。思へばほんとに長い病であった。一月廿一日の朝は少し頭が痛くてねていた。それから廿六日頃にはなほりかけて居たのだが、又落ちかへって三十日頃にはだんだん危けん状態となり、其の上熊谷さんまで感冒になられて又小笹に見ていただくやら小野さんに診察していただくやら、ほとんど夜も夜もすがらねもやらで母様達は看病して下さった。けれど自分の精神状態にはそんなにいしきを失ふまでにはなく呼吸も平穏だったから自分にはそんなに苦しい事はなかった。又廿九日の夕方と卅一日の暁方とに一回づつカラシのシッ布をし、又水銀注射もした。そして看護婦も二名雇って二月四日小笹

さんの世話で病院の東三病棟の二室に入った。先生は三澤先生だった。そしたら入院後二日目からずっと熱が下って今まで四十度も四十一度もあった熱が八度や七度になってしまひ、それからずんずん下って平熱になり、尿量も入院した始頃は二百瓦や四百瓦しかなかったのがだんだん多くなって二千瓦までなり、廿三日にＸ光線で見ていただくと別に異常がないので廿五日に退院したのだ。

内の方では一月二十五日に七ちゃん〔七郎〕がとうとういけなくなってしまひ、まだその涙もかはかぬ内に卅一日に私の一番ひどい時に大久保の健ちゃんもつまらなくなってしまひ、その七日目即ち二月七日に又春がなくなってしまった。三週間の間に内の方では三人も死んだのだ。ほんとに可愛いさうな事をした。でもお母様の心痛はどんなであったらう。

この日記には、入院直前の病状を危機的とみて心配する家族と、比較的大丈夫だと思ったという本人とのギャップが記されている。福岡県では感染者のうち 10% 前後が死亡したそうであるから（速水、前掲書、115、188 頁）、家族たちの心配は無理もなかろう。それに対して肝心の本人が平静さを保っていたのは、病状が比較的軽かっただけでなく、電子顕微鏡のない当時は正体不明であったウイルス病原体への糸子の抵抗力が強かったためではないかと思われる。糸子の末弟の七郎が手厚い看護にもかかわらず落命したのは、幼かったのでウイルスへの抵抗力が弱かったためとしか考えられない。

こうして、すくすくと成長した糸子の将来の夢は音楽の勉強であったが、県立福岡高等女学校を卒業してから東京の音楽学校に進みたいという希望は、母親山﨑わかの許しを得ることができなかった。その理由は明らかでないが、わかが 1923 年 9 月の関東大震災前後の東京の治安の悪化を恐れたのだろうという一般論に加えて、東京にいた義弟の二代近藤利兵衛〔旧

姓松熊岩吉（1859-1919）で銚子出身の松熊林蔵の三男。岩吉の長兄が松熊徳兵衛、次兄が宮内福蔵、姉はるが初代近藤利兵衛の妻である〕が、すでに1919年に山﨑わかの夫宮内福蔵とともに死去し、三代近藤利兵衛〔二代利兵衛の養子白井六郎〕の時代になって福岡の山﨑わかとの関係が薄れていたことも一因ではないかと思われる。糸子の音楽好きは、最晩年に改めて琴を習うようになったことに示されているが、彼女の音楽好きのDNAは、糸子の子どものうち敏夫・寛治・義脩を除く、久雄（オルガン）、康雄（ピアノ・フルート）、弘子（オルガン）、章雄（ピアノ）に豊かに引き継がれることになる。

　このように見てくると、山﨑糸子が石井浅八と見合いをするのは、彼女が幾つもの厳しい壁にぶつかった後のことだったことがわかろう。石井姓に変わった糸子が夫の浅八とともにどのように新しい人生を切り拓いていくのか、以下その点を追っていこう。

第2章　田園調布で病弱な子どもたちを育てる両親

熊本から名古屋・東京へ、そしてアジアへ広がる浅八の仕事

　新婚の石井夫妻が長男の敏夫を授かったのは、夫の浅八が熊本逓信局に務めていた1927年（昭和2）1月のことであり、次男の久雄が生まれたのは浅八が名古屋逓信局に移った直後の1929年9月のことであった。

　この間、浅八は熊本では熊本高等工業学校、名古屋では浜松高等工業学校の講師を頼まれており、1930年10月からは欧米諸国への留学を命ぜられて、日本の電気通信技術の発展方向を見定めるべく欧米先進諸国の電信電話事業の研究調査を行い、1932年3月に帰国してから、いよいよ満を持して懸案の東京における自動電話の開設事業に取り組むことになった。逓信省としては電話事業の大規模な改良と発展のための資金を調達するには、通信事業予算を一般会計から特別会計として独立させ、通信事業から上がる莫大な利益を自らの権限で再利用することが必要であったが、先端電話技術の調査会委員である浅八は、そうした通信制度の調査会幹事にも抜擢された（石井寛治「通信特別会計成立に関する一考察」『郵便史研究』第30号、2010年、注

1931年6月にパリの国際会議に出張中の父浅八から名古屋の留守宅の次男久雄に宛てた葉書

37）。

　浅八が帰国後に電信電話学会で行った講演「本邦に於ける市内電話の普及発達並に之が経済的施設に関する一考察」の記録が『電信電話学会雑誌』第116号（1932年11月）に載っているので、本書の末尾に資料として掲載しておいた。欧米と比較して日本の官営電話事業がいかに遅れているかを論じた上で、劣勢を覆す方策を経済と技術の両面から提言しており、通信事業の一般会計から特別会計への転換の必要性だけでなく、アメリカを事例に民営化の可能性にも論及している。その意味できわめて先見性に富んだ講演だといえよう。浅八の三男康雄が、戦後、日本電信電話公社民営化の立役者になったのは、単なる偶然ではなく、父親の構想を息子が実現するという不思議な因縁で繋がっているような気がする。

　1885年（明治18）の逓信省創設以来の悲願であった通信事業の特別会計化は、1933年3月公布（34年4月施行）の通信事業特別会計法によってついに実現し、逓信省は獲得した通信事業からの利益を用いて大規模な電話拡充事業を展開することになるが、逓信省技術官僚としての石井浅八は、技術面と制度面の双方においてブレイクスルー役を担ったと言えよう。浅八は、東京では早稲田大学から頼まれて、毎年、理工学部で講義を行った。最先端の世界の通信技術を追いかけながらの講義となれば、外国の関連雑誌にも逐次目を通さなければならず、そのための費用は馬鹿にならなかったと糸子がこぼしていたことを思い出す。

　三男の康雄が生まれた1934年（昭和9）1月には、石井浅八・糸子・敏夫・久雄の一家は東京に転居していた。世田谷区奥沢町3丁目に住む作家の石坂洋次郎が大森区田園調布4丁目〔現・5丁目〕に所有する一軒家を借りたのであった。建物賃借契約書によれば、木造瓦葺二階建の建坪28坪9合5勺、外二階11坪2合5勺とあり、合わせて40坪2合〔約130平方メートル〕で居室が7部屋あったから、親子5人が住むには快適な広さであった。しかし、やがて弘子以下4人の家族が増えるようになり、住み込

東京の大森区田園調布の石井宅（右の端の家）

みの家事奉公人が単数ないし複数いたことを考えるとやや手狭になるといえよう。1 か月の賃借料は 60 円とあり、記載年次は不明だが、「壹銭」の収入印紙が貼られていることから見て、これは昭和戦前期の契約であった。糸子の残した一番古い日記には、1934 年 5 月の浅八の月給は 253 円 67 銭（1934.5.23）とあったから、2,000 倍して今日風に換算すると、50 万円の月給から 12 万円の家賃を払っていたことになる。

　この借家は、田園調布駅西口から放射状に広がる瀟洒な並木道のひとつを通って半キロメートルあまりの坂道を歩いたところの町はずれにあった。目の前の急坂を下ると、そこは多摩川沿いに当時としては新しい温室栽培を行う農地が広がる玉川温室村であり、川向こうの川崎市街を越えた先の箱根山地の後ろには小さな富士山がはっきりと見えた。近くの雑木林はアブラゼミやミンミンゼミの鳴き声でいっぱいだっただけでなく、たくさんのカブト虫やクワガタ虫が生息し、子どもたちの昆虫採集の格好の場所であったが、同時にそこはアオダイショウの巣窟でもあり、そこから這い出

したヘビが我が家の天井裏に住みつくこともあった。つまり、わが家は、田園都市として設計された人工的空間と昔ながらの自然的空間の交錯する地点にあったのであり、石井家の子どもたちは、そうした独特な人工と自然の混ざった空気を胸いっぱいに吸い込みながら成長していったのである。

三男の康雄に続いて、長女の弘子が1936年（昭和11）2月に生まれたかと思うと、2年後の1938年（昭和13）2月にはさらに四男の寛治が誕生した。当時は子だくさんの家族は一般的であり、家事奉公人を雇うことが多かったとはいえ、妊娠して子育ての責任をもつ母親の負担は大変なものだったことは言うまでもない。健康には自信があった糸子も、度重なる出産で疲れを覚えるようになり、康雄・弘子と続いたあとに第五子を妊娠した時には、主治医から中絶をした方がよいのではないかとのアドバイスを受けた。もしも、この時に糸子が中絶していれば、寛治はこの世に出現しなかったことになるが、幸いにも糸子の決断は何としても出産するというものであった。出産直後の日記に、「〔二月感想〕寛治のために記す」として出産の事情を記しているので抜粋しておこう。

　妊娠二ヶ月目に医師から中絶もどうかと言われたが、「しかし、私は大丈夫だから気をつけて産みませう」と答へて、その問題は直に解決したのだった。私には自信があった。私は神の道を信仰し、又身体の方は生気運動を充分行って神様のみ心のままに日々の心行を正しくやって行けば何のおそれる處があらふ。今度はいよいよ理想的な妊娠を継続して一つ立派な子供を世に送り出そうと心はおのづと勇み立ってさへ来たのだった。妊娠中はまことに平和に心にも身体にも異状なく過ぎた。……〔2月3日午後〕七時十八分軽く破水、〔千駄ヶ谷の川端〕病院に〔タクシーで〕着いて四十分余りしてからだ。八時丗二分やがて痛みも余りなく強いいきみ二三回の後無事に出産、元気な声を聞いてほっと安心する。坊ちゃんですよと村尾さんが教えて下さるのも夢

浅八のうしろに久雄と敏夫が立ち、糸子が寛治を抱く。座布団に座るのは康雄と弘子
（1930年代末、自宅2階）

の様な気持ちだ。康雄、弘子の時は二人とも仮死の状態で生れたが、今度は元気でほんとに嬉しい。……体重は七百五十匁〔約2800グラム〕、横の小さな子供寝台にねかされたのを見ると真赤な顔、お猿の様だ。……寛治といふ名は中々つかなくて姓名判断や何かを研究した末二週間近くになってやっと定った。一番軽い出産で始めの私の理想通りに行った事はひとへに神様の有がたい思召しだと思ふ（1938.2）。

　ここで糸子が「神の道」と記しているのは、晩年の彼女のキリスト教信仰ではなく天理教の教えのことであるが、およそ宗教なるものは何らかの意味での絶対者に向き合いながら自らを反省する姿勢を意味する点で共通するのだとすれば、糸子のこの時の謙虚な姿勢のなかにはキリスト教信仰とも通底するものがあったことは間違いなかろう。それに対して夫の浅八の場合は、毎年の正月に祖先崇拝と「人倫の道」の大切さを家族に説いたが（1957.1.1）、実際には単なる建前に過ぎなかったと糸子が批判している

(1957.1.1) のを読むと、真言宗の信者といっても浅八は近世以来の檀家として制度化された仏教徒のひとりに過ぎなかったように思う。少なくとも、絶対的な存在の前で自己を反省するという信仰とは無縁の父親だったことは、残念ながら認めなければなるまい。石井家の人々の宗教との関わりについては、戦後に大きな問題となるので後述しよう。

　浅八の逓信省での仕事は、弘子と寛治が生まれた頃から大きく変わりはじめた。1936 年 2 月 5 日の弘子の出産を記した糸子の日記には、同年 2 月 26 日の項に「夜分号外、今朝五時陸軍青年将校たちによって左の人々傷害をうけられた由」と岡田啓介首相、斎藤実内大臣、渡辺錠太郎教育総監の即死をメモし、「大変な事になったものだ。主人より電話にて今夜は逓信省内で徹夜との事」と浅八が緊急事態の対応に没頭している様子を伝えている。翌 27 日にも、「今日から東京中に戦時戒厳令がしかれるそうだ。主人から又今夜も帰宅できぬとの電話。今日も朝から終日雪」とあり、28 日には、「高橋〔是清〕蔵相も亡くなられたとの事、聞く處によると機関銃を使ったとか。主人から又今夜の帰宅できぬとの電話」と記している。そして 29 日午後になってようやく「全市内交通禁止もとけて平常になった。岡田首相即死は取消され、無事だったとの事」とある（1936.2）。いわゆる二・二六事件である。逓信官僚の妻である糸子は、事件については、「パパも二十六日夜からとうとう三晩も帰られず本省にとめられたり、いろいろと事件もあったが、何しろ新聞にもくわしい事は発表せず、よく分らなくて、只心を痛めるばかりだった」（1936.2）という感想を残しているが、この事件が帝国日本の運命を左右し、逓信官僚の浅八の進路も大きく変えることになろうとは気付かなかった。

　1936 年 6 月に浅八は、逓信省工務局長梶井剛（かじ　いたけし）から日満電話建設課の課長を命ぜられた。これまで「内地」の電話事業を担当してきた浅八であったが、この時逓信省が東京から朝鮮ソウルを経由して「満州国」奉天までの長距離ケーブルを建設することになり、1939 年 10 月の同課廃止まで工

務局の建設責任者として「内地」と「外地」
を股に掛けて働くことになったのである。
糸子の日記には、ソウルの「内鮮満連絡電
話建設事務所」(1936.10.2) へ出かける浅八
のことが記されるようになる。

　その背景には、帝国日本の対中国侵略の
進展があり、1937 年 7 月には近衛内閣の
もとで日中戦争が始まるが、逓信省は中国
侵略の拠点である「満州国」と「本国」と
の便利で迅速な電話連絡網を、その前年か
ら準備しはじめていた。その際、天才的と
もいうべき技術者である松前重義 (1901-

1937 年 5 月に高等官二等に昇進、
勅任官となった浅八

1990) が発明した世界最初の無装荷ケーブルの実用化が図られたことが注
目されよう (石原藤夫『国際通信の日本史』東海大学出版部、1999 年)。浅八
が日満電話建設課課長として 3 年あまりの建設事業の責務を全うしたこと
は、1937 年 5 月に、技術官僚一般とは異なり、早くも勅任官となったこ
とに示されており (新藤宗幸『技術官僚』岩波新書、2002 年)、履歴書の 1940
年 4 月の項目に「支那事変ニ於ケル功ニ依リ、勲三等瑞宝章及金壱千弐百
円ヲ授ケ賜フ」とあることからも明らかであろう。しかし、ケーブル運営
が逓信省工務局から独立の会社に委ねられたために本国に戻った浅八は、
本省の工務局長の地位に後輩の松前重義らが就任した結果、本省内での行
き場を事実上失い、東京都市逓信局に出て働くことになった。この点から
見ると浅八の本領は最新技術の実用化と後輩の教育にあり、新技術の創造
という研究活動ではなかったこと、最新技術実用化のフィールドとして浅
八に与えられたのは、「満州国」という不安定な戦略的拠点であって、浅
八は言わば貧乏籤を引かされたことは認めなければならない。

　こうして東京都市逓信局の工務課長 (1939 年 10 月就任)、さらに工務部

左から康雄、久雄、弘子、寛治の順（1930年代末、田園調布駅西口・小柳写真館）

長（1940年11月就任）を務めた浅八は、1942年3月に逓信官僚を辞め、電気機械統制会の通信部次長となり、技術部次長、通信部長を経て理事に就任（1945年1月）したところで1945年8月の敗戦を迎えることになる。この間、田園調布の石井家では、糸子が章雄（1941年〔昭和16〕5月）と義脩（1944年〔昭和19〕8月）を出産し、六男一女の養育に全力をあげるが、戦況の悪化のもとで、一家は浅八の郷里である四国香川県への縁故疎開を余儀なくされ、浅八と長男敏夫を除く母子は疎開先で敗戦を迎えることになる。

母親糸子が傾倒した生気研究所による健康法とその成果

　以上、田園調布の石井家について、逓信官僚としての浅八の仕事ぶりを述べながら、糸子が康雄・弘子・寛治・章雄・義脩と次々に子どもを産み、敏夫・久雄と合わせて六男一女を育てることになったことを見てきた。問題はそれらの子どもを浅八と糸子がどのように育て、いかなる教育を受けさせたかということである。六男一女というのは、ちょうど「七福神」の

ようだと言われることが多かったが、当人たちは別にインド・中国・日本の言い伝えを気にしていたわけではない。ただ、六男一女がそろって成人し、それぞれ独自の職業を選択して仕事をし、結婚できたことは、幼い時の彼・彼女らが、いずれも都会育ちのひ弱さを共有し病弱であったことからみて素晴らしいことであったと言えよう。

　昭和戦前・戦中期の糸子の日記で残されたものは一部分だけであり、それも一年間に亘って毎日記録したものは1936年（昭和11）の分だけである。この年の2月には長女の弘子が誕生し、糸子はふたりの家事奉公人に助けられながら、1月に満9歳となった敏夫、9月に満7歳となる久雄、1月に満2歳となった康雄と合わせて4人の子どもを無事に育てるのに懸命であった。夫の浅八は、逓信省本省でますます忙しい要職についていたから、日記で父親として子どもの健康に関与した記録は、6月7日の日曜日に田園調布の同じ四丁目に出た売家を一緒に見にいった6歳の久雄がころんで怪我をしたとき、「主人の命令で飯島病院にやる」とある部分だけであった。子どもの健康を守るために奮闘したのはもっぱら母親の糸子であり、日記の内容でもっとも目立つのは、自らの体調を管理できるほど成長していた敏夫を除く、幼児たちの身体の変調をいち早く見抜いて間髪入れずに対応した記録であった。表2-1は、この年の石井家の人びとが、どのような医療経験をもったかを集計したものである。大別して「病院」の医師の世話になったケースと、麹町区三番町にある「生気」を研究する「石井〔常造〕先生」のところへ出かけるケースがあり、石井家の特徴は後者の「生気」という生命体の独自の活力を重視し引きだす健康法への傾倒であった。病院では歯科への通院が多く、一般病院の医師に往診を頼むことも多かったが、この年のハイライトは長女弘子の出産のために糸子が8日間入院したことであった。糸子の母親の山﨑わかが福岡から駆けつけて風邪ぎみの糸子を支え、出産前日に大雪の中をタクシーで生気研究所へ連れていって「生気」をかけてもらい、難産ではあったが糸子は弘子を無事出産したの

<h3 style="text-align:center">表 2-1　石井家の人びとの医療（1936 年・昭和 11）</h3>

月	浅八		糸子		敏夫		久雄		康雄		弘子		合計	
	病院	生気	病院	生気	病院	生気	病院	生気	病院	生気	病院	生気	病院	生気
1	1	0	2	0	12	0	21	0	6	1			42	1
2			9	1		1		1		3			9	6
3				2						2		2	0	6
4				1					5	3		0	5	5
5				4			2	1	1	2		1	3	17
6				6		2	4	8		11	2	4	6	31
7	1	0		10				5		1		7	1	23
8			18	0					1	0		0	19	0
9			1	3			1	2	2	2	1	0	5	7
10				6	3	1	12	2		1		2	15	12
11				2				1		3		0	0	6
12				2				1		2		1	0	6
計	2	0	30	37	15	4	40	21	15	41	3	17	105	120

出典：『糸子日記』（昭和 11 年度）。
備考：病院は歯科 68、産科 11、一般 26。生気は「生気研究所」。

であった。入院料は 87 円 50 銭、医師らへの謝礼 34 円を合わせて 121 円 50 銭であったから、当時の浅八の月給 270 円の半分近くが病院出産のための直接経費であったことになる。

　それにしても表 2-1 に示した合計 225 回に達する医療回数は、6 人家族としても相当多い回数である。病院と生気研究所を合わせた回数がもっとも多いのは糸子であるが、彼女の場合は、生気研究所に子どもを連れていくケースも含まれているから、実質的な回数では三男康雄と次男久雄が多いことになろう。5 月末の感想として、糸子は康雄と久雄についてそれぞれ次のように記している。

　　〔康雄は〕体質の具合もあるだらふが、とかく呼吸量がよわく皮膚が
　　よわって湿疹が出来て困る。毎月一、二回かぜをひく。かぜをひくと
　　生気研究所に行って石井先生に生気をかけて貰ふと一時すぐには治る

けど、根本的には中々治らないのですぐ又かぜをひく。……先生は決
して進めはなさらないが、ここしばらく続けてやれば必ず効果があり、
かぜも引かなくなるし、皮膚病も一掃される事を言明なさるので信じ
て御願する事にした。十九日から六月十日まで日曜をのぞく他毎日毎
日全部で二十回続けてやった。生気の効果は今更云ふまでもない事だ
が、かぜは全然あともなく治ったし、……目方も六月二日に三貫二百
だったのが、八日にはかると六百匁になり、四百匁、六日間にふえて
ゐて、まことに嬉しい事だ。

〔久雄は〕五月二十三日に寝冷えから下痢をし発熱したので、二十五
日に生気にやり一時治ったが、先生が、久雄が一番よわく将来を危ぶ
まれるので、この方もついでと思って思ひきって康雄と一緒に六月二
日から生気をやる。毎日ヨシにつれさせ十日まで八回やる。……この
方は二日に、体重四貫八百のが八日には五貫強になってゐた。八回の
生気はまことに効果甚大、胃拡張は治り、腹部左上方の大きな拳大の
かたまりは全然消失して柔かな腹部となり、腰も非常に治りかけて来
た。之なら食物を吸収出来るさうだ。

　久雄・康雄に比べると、弘子は難産であった割には予想外に健康に育ち
つつあった。生気研究所に行く回数もかなりあるが、糸子が自分のためや
康雄や久雄を連れていくときに一緒に抱いていった回数も含まれており、
弘子のために生気研究所へ行く回数はそう多くなかった。例えば、6 月
21 日には発熱で医師の来診を仰ぎ、風邪と診断されたところ、翌 22 日も
熱が下がらなかったのでタクシーで生気研究所へ行くと「寝冷え」と言わ
れ、23 日には熱は下がったという。しかし鼻づまりが治らないので研究
所へ行き、7 月初旬には、「やりかけたから徹底的に治るまでやりたい」
（1936.7.3）と連日のように研究所へ連れてゆき、13 日には「雨の中を弘子

をヨシに負はせて生気にやる」（1936.7.13）と記している。どこを治すのか
はよくわからないが、健康体に向かって遮二無二弘子をひっぱっていく糸
子の執念には驚くほかない。こうして11月末の糸子は、「今年もあと一ヶ
月となった。本当に早いものだ。日に月に、おかげで家庭はだんだんと円
満になり、前の様に不快な思ひをすることは殆どなくなった。……病気を
する事もだんだん減って来た。弘子など本当に医者にかかったのがまだ一
度か二度位だらう。今までの子にない健康さだ。嬉しい」（1936.11）と満
足気に記していた。

　石井家の人々が生気研究所の健康法に傾倒するのは、この時期からのよ
うである。糸子は実際に効果が大きいことを経験して、夫の浅八に話した
が、浅八はあまり賛成しなかった。しかし、経験に基づく糸子の信念は揺
らぐことなく、「親としては金よりも宝よりもぜひ丈夫な身体にこしらへ
上げてやるのが一番の義務だと思ったので、主人には悪い様だけどだまっ
て生気を続けさせる事を決心する」（1936.5）と記している。実際にそのた
めの医療費がいくらかかったかは残念ながらデータが残されていない。日
記の1936年1月の病院関係42回の出費は、合計で43円77銭となるので、
それを基準に糸子の8日間の入院出産費用を除くこの年の97回分の病院
支払いを推計すると100円をちょっと超える程度である。これに対して、
生気研究所での治療は、後年の筆者の経験による限り、「石井先生」によ
る短いが的確な診察の時間の後、登録した会員が広い部屋の畳の上で自ら
の頭部を拳で叩いたり、全身を動かして体操することによって、体内から
の「生気」を引き出しつつ、不自然な身体を矯正していくのが基本であっ
たから、時間のかかる割にはその謝礼は高くなかったものと思われる。む
しろ、田園調布から渋谷まで電車で行き、そこから市電で麹町の研究所ま
で出かける時間と労力が問題であり、人数や天候によってはタクシーを利
用する必要があったことが支出を高めたのではないだろうか。糸子が「相
変らず困るのは、どうも金銭に縁のないことで右から左へよくもいるもの

だと思ふ位パッパッといつのまにか消えてなくなる事だ」(1936.11) と嘆いている一因は、医療費支出の多さにあったに違いない。しかし、病院に比べると、生気研究所は出費の割には確かな効果があるという「安上がり」な面があったのではなかろうか。いずれにせよ、母親としての糸子の断固たる判断は、その後の子どもたちの成長に必要な健康な身体という基礎を与えたものと言えよう。

理想の子育てに頑張る糸子と敗戦時の子どもたち

　敗戦以前の時期の石井家の推移を追ってきた最後に、子どもたちの人間としての成長がどのようなかたちでなされたかを問題としよう。もっとも、この問題は、7 人の子どもがそれぞれ異なる個性をもつ人間として辿った軌跡を調べることなので、本来、第 2 部で扱われるべき問題である。石井家全体の動向を明らかにする第 1 部では、子どもたちの教育に関する母親の糸子の考え方に即してこの問題に接近することにしたい。そのために、あらかじめ、石井家の 7 人の子どもたちの生年と学歴を示しておこう。

　表 2-2 からまず指摘したいことは、本章が扱う戦前・戦中期の最後にあたるアジア太平洋戦争の敗戦時点における子どもたちの年齢と就学状況である。とくに長男の敏夫と次男の久雄が、もしも敗戦時に学業を終えて就

表 2-2　石井浅八・糸子夫妻の子どもたちの生年・学歴

名前	生年月日	青塔会	中学・高校	大学
敏夫	1927.1.30	11	府立八中・府立高校	東京帝大（農学部）
久雄	29.9. 9	14	青山学院中学・高等部	東京神学大（中退）
康雄	34.1. 6	18	東京高校（七年制）	東京大（法学部）
弘子	36.2. 5	20	青山学院中等・高等部	青山学院大（文学部）
寛治	38.2. 3	22	田園調布中・日比谷高	東京大（経済学部）
章雄	41.5.13	26	田園調布中・田園調布高	都立大（工学部）
義脩	44.8.17	29	田園調布中・小山台高	東京大（医学部）

備考：小学校は全員大森区立東調布第二尋常小学校（のち大田区立田園調布小学校）を卒業。青塔会はその同窓会で数字は卒業回数。

職する年齢に達していれば、敗戦後に家計を支えることができたはずであるが、他面ではそれだけの年齢であれば、戦時中に徴兵されて戦病死のリスクに晒されることになりかねないからである。年齢が高すぎても低すぎても問題があるという世代のどこに敏夫と久雄は位置していたのであろうか。

　敏夫は1945年8月の敗戦時には、満18歳6か月であり、同年4月に入学した東京帝国大学農学部の獣医学科の学生であった。理系の学生であったから、文系の大学生のように学徒出陣で戦地へ赴くこともなく、仮に徴兵された場合には獣医として働くつもりだったという。敏夫は、こうして糸子の弟山﨑六郎が28歳で召集され1944年5月1日に南方戦線で戦死したような目に遭うこともなく、また、父浅八とともに守っていた田園調布の自宅に米軍の焼夷弾爆撃を受けることもなく、無事に敗戦を迎えることができたのである。次男の久雄も、敗戦時には満15歳11か月であり、前年4月から青山学院中学部の生徒になっており、四国の疎開先で学徒動員されて飛行場建設に携わっているときに敗戦を迎えた。久雄とともに、糸子に連れられて四国に縁故疎開していた三男康雄は国民学校6年生、長女弘子は4年生、四男寛治は2年生であり、章雄と義脩は、それぞれ4歳児とゼロ歳児として敗戦を迎えた。このように石井家の子どもたちは、長男の敏夫が理系の大学生であるがゆえに徴兵されることもなかったことをはじめとして、本格的に動員されることなく敗戦を迎えたのであった。

　このことは、他面では、敗戦後に浅八が事実上の失業状態に陥ったとき、誰が家計を支えるかという難問に石井家の人びとが直面することを意味した。この問題は次章の中心テーマとして論ずることにするが、あらかじめ留意したいのは、普通ならば満20歳で入学する東京帝国大学に敏夫が満18歳の若さで合格していることであり、3年後には農学部の畜産学科を卒業して働きはじめることができたということである。この点は、敏夫が、1939年3月に大森区立東調布第二尋常小学校を卒業（同窓会の青塔会にお

ける第11回生）した後、進学した五年制の東京府立第八中学校（現・都立
小山台高校）を4年で修了して、七年制の府立高校（現・都立大学）の高等
部へ進み、そこの3年の課程を2年で修了して、東大に進学したことから
説明できる。この四修二修といわれる秀才コースを敏夫が辿った前提とし
ては、小学生としての敏夫の学習に対して、母糸子が、今日風に言えば一
種の「教育ママ」としてなみなみならぬ配慮を行った事実があった。

　糸子の日記には、小学校の学期末における敏夫の成績が必ず記されてお
り、残された日記からは7回の成績がわかる。2年生1学期の成績は「全
甲で大喜び」（1934.7.2）とあり、4年生3学期には級長になり、成績は「全
甲、優等だった」（1937.1.12、3.25）と記されている。5年生3学期も「全甲」
（1938.3.24）、6年生1学期も「全甲」（1938.7.20）であり、その他の3回分
もひとつかふたつの「乙」があるだけで「全甲」に準ずる好成績であった。
5年生3学期からは、家庭教師と思われる人に教わった記述が散見され、
中学受験に向けての準備が早くも開始されていることが窺え、6年生1学
期・2学期には模擬試験を何回も受けている記述がある。まさに公立中学
を目指す受験準備のエンジン全開という状況がみてとれるのであり、ここ
での母糸子は「教育ママ」そのものであった。こうして府立八中の難関を
突破し、さらに府立高校に進学した敏夫は、優れた仲間とともに研究者と
しての途の面白さを経験しはじめたようである。のちに東大医学部を卒業
して国立がんセンター総長、日本学士院院長になる杉村隆は、『がんよ驕
るなかれ』（岩波書店、2000年）の中で、戦争末期の府立高校の雰囲気を次
のように記している（13-17頁）。

　〔府立高校は〕武蔵高校、東京高校、大阪の浪速高校と並ぶ七年制の高
　校だった。十年ほど前に設立されたばかりの学校で、一高から八高ま
　であったナンバースクールのような弊衣破帽のバンカラ風俗もなく、
　都会的でスマートな気風が横溢していた。……〔勤労奉仕では〕東大

の伝染病研究所で山田信一郎博士の研究室に行き、マラリアを媒介する蚊の調査を始めた。……われわれ動員学生の面倒を見てくれた阿部康夫博士は、開けた考えの持ち主で、僕らに蚊の染色体の観察などを許してくれた。同僚の石井敏夫君と一緒に顕微鏡で染色体をながめて、サイエンスを楽しむことができた。石井君は後に楢橋と姓が変わり、現在は神経薬理学の大家となり、米国のノースウェスタン大学の教授をしている。あの暗い日々に科学にひたれたのは、幸運というほかはない。

　次男の久雄も小学校の成績は決して悪くなかったが、時期による成績の波が大きかった。1936年4月に入学した東調布第二尋常小学校では、敏夫の3年下であったが、1年生の成績は1学期の「唱歌図画が甲であとは皆乙」（1936.7.9）が、2学期には「唱歌体操読方が乙」（1936.12.24）であとは皆甲と上昇し、3学期には「手工が一つだけ乙、あとは甲」（1937.3.25）という素晴らしい好成績になった。しかし、その後は上がったり下がったりで5年生3学期には甲乙半々にまで落ち込んだため、公立中学校でなく私立中学校を目指すことになった。こうした判断を下したのは、久雄が1年生3学期に敏夫に近いほぼ全甲の好成績を得たときに「パパに申しわけが立つ」と記した糸子であった。その判断の基礎には、府立八中に在学していた敏夫が伝えた次のような入試情報があった（1940.2.22）。

　中等学校の入学試験は今が発表だ。敏夫の話によると、八中は二百八十名募集なのに、二百三十名は各小学校の三番以内で、身体検査と体力検査で双方上の人は一人だけとの事、志願者で一番の成績（小学校で）の人が百名も居たそうだ。少くとも三四番以内でないと府立への入学はむつかしい様だ。久雄はそんなによくないから中々むづかしいかもしれぬとパパと話した。

　このような極秘情報を中学へ入りたての敏夫が知ったかどうかは定かでない。単なる噂話かもしれないが、公立中学の入学競争がきわめて激しかったことはその通りであろう。糸子としては、身体の弱い久雄は無理をさせるよりも私立中学へ進学させてのびのびと自分の能力を開発させようと考えたのではなかろうか。こうして久雄は、渋谷の青山学院中学部に進学したのであった。

　小学校生徒としての康雄と弘子は、戦況が激しくなったために、1944年9月2日に静岡県（のち富山県）へ学童集団疎開に行くことになった。その間の事情は記録がないが、1945年4月26日には、田園調布に残っていた久雄とともに香川県上高瀬村の浅八の実家への縁故疎開に切り替えられ、同年5月13日には糸子が寛治、章雄、義脩を連れて合流した。浅八も同行したが、5月18日には東京へ戻っている。糸子の日記によれば、疎開による村への移入に際しての「入費」は合計685円であった。その内訳は次の通りである。

　　　土産トシテ壱百円左へ渡ス　浪彦、キヨ、豊島、井出部落。計四百円
　　　食料品代アヅケ　　　　　　百円也　白井竹太郎
　　　土産トシテ　　　　　　　　白井廿円、三好廿円、小野世円、田井ノ
　　　　　　　　　　　　　　　　叔父廿円
　　　　　　　　　　　　　　　　隣組五十五円、近所ノ重次郎廿円、大平
　　　　　　　　　　　　　　　　小三郎廿円

　浅八の長姉テルの嫁ぎ先である白井竹太郎家、および、長兄石井浪彦家、妹ヨシエの嫁ぎ先である豊島清治家といった親戚とともに、伝統的な集落の自治組織や戦時下の隣組をはじめとする近隣の人々へも挨拶をしていることがわかる。康雄、弘子、寛治は近くの上高瀬国民学校に通ったが、寛治の記憶では、東京から標準語のイントネーションを使う生徒が来たとい

うことで授業では重用され、国語の朗読に際しては寛治がまず読み上げて
から、それを真似して皆が一斉に読んだことを覚えており、総じて温かく
迎えてもらったように思う。問題は、食料の不足であり、米が少ない雑炊
風の食事のために身体の抵抗力がなくなり、寛治は足のできものが消えな
いために包帯を巻いて学校へ通う有様であった。敗戦の直後の朝礼では、
早馬という教員が壇上から、日本は絶対に負けたのではない、と怒鳴りつ
づけていたのを覚えているが、それも3日ともたず、時代は大きく変わり
はじめた。

第3章　一家総出で乗り越えた戦後の苦境

電気機械統制会の解散による浅八の失業の危機と対応策

　石井浅八が逓信官僚を辞め、1942年から敗戦時まで勤めていた電気機械統制会は、日本政府としては戦後経済の統制手段として存続させる予定であったが、占領軍はそれを認めず、1946年8月に全ての統制会の解散を指令した。1945年8月敗戦時の石井家は、53歳の夫浅八と39歳の妻糸子が、帝大生になったばかりの長男敏夫を先頭に7人の子どもを抱えていたが、一家はどのようにして生計の途を探ろうとしたのであろうか。1957年〔昭和32〕11月1日に満66歳の誕生日を目前にした浅八が突然脳溢血で死去するまでの戦後12年あまりの石井家は、浅八と糸子はもちろん、7人の子どもたちにとっても、いかに生きるかをめぐっての戦いの連続であった。この時期についての母糸子の日記はあまり残されておらず、家族の様子がある程度わかるのは1950年と1954、55、56、57年の5年間だけである。それは書いた日記が紛失したのでなく、喘息の発作に悩まされるようになった糸子に日記を書くだけの時間と気力がなかったのであり、そのこと自体がこの時期を生きた彼女の日々の暮らしの厳しさを示している。以下、乏しい記録を子どもの頃の記憶や関連史料で補いながら、この時期における生存と成長に向けての石井家の人びとの「総力戦」を跡づけてみよう。

　寛治の記憶では、1945年10月に疎開先の四国から無蓋貨車に乗って帰京した石井家の人びとは、幸いにして空襲の被害を免れたわが家に帰って

ホッとしたとはいえ、戦後の田園調布での生活は疎開先に勝るとも劣らぬ飢餓との戦いであった。配給米の乏しさを補うための買い出しに出かけるのは、体力のある敏夫、久雄、康雄までの兄3人であり、農家からの食料調達のために、箪笥に収められていた九州の祖母山﨑わか（1944.9.14, 63歳で死去）が毎年のように娘の糸子に送ってきた高価な衣類が、みるみるうちに減ったことを覚えている。そうしたストックが戦後期の石井家の生存を支えたことは銘記すべきであろう。それと同時に、食料の自給が、農学部学生としての敏夫の得意技としていろいろと試みられていた。わが家には上庭に加えてかなり広い下庭があり、滑り台が2つの庭を繋いでおり、下庭には砂場があったというが、それらの土地はすべてカボチャやサツマイモの畑と化し、ニワトリの飼育も行われた。先に引用した敏夫の友人である杉村隆の回顧にも、「府立高校の校庭は野菜畑に変わっており、カボチャ、サツマイモ、トウモロコシなどをつくっていた。『何が何でもカボチャを作れ』というのが標語になっていたものだ。……大学進学後も府立高校の近くに下宿していたので、当然これらは“食糧調達”の対象になる」（杉村、前掲書、20頁）とあるから、東京府におけるカボチャの収穫量は戦中から戦後にかけて急増したに違いない。寛治は戦時中に通っていた幼稚園の弁当の半分はカボチャが欲しいと駄々をこねていたらしいが、戦後は代用食のカボチャを大量に食べさせられた結果、カボチャ嫌いに転換した。こうした敏夫をはじめとする兄たちの奮闘によって、疎開先での足の吹き出物は田園調布ではまったく消え去ったことは有難いことであった。

　では、勤め先の電気機械統制会がなくなった浅八は、どこで収入を稼ぐようになったのであろうか。第1章の冒頭で引用した『人事興信録』の第15版（人事興信所、1948年）には、石井浅八の職業は、「関東通信産業株式会社社長」とあり、糸子の小学校同窓会誌『群星』臨時号（1950年刊）には、「夫浅八、58歳、東都通信工業株式会社社長」と記されている。なんと、統制会理事だった浅八は、「株式会社社長」になっているではないか。

浅八と糸子（戦後の田園調布自宅にて）

これは、「社長の息子」としての豊かな生活は空想するばかりであった寛
治にとって、意外な発見であった。本当に浅八は「株式会社」の「社長」
らしい仕事をしていたのかどうか。1950年9月から10月にかけての浅八
の仕事ぶりについて、糸子の観察記録を日記からいくつか引用しよう。

①9月29日　割に暖かいせいか朝起きぬけに別に何ともなく薬はのま
　なかった。会社の事務を手伝ふ。主人に敏夫の金千円貸す。小切手
　を七千円切ってその中から一昨日立替へたお金を払って貰はふと思
　ったら主人が印をもって行ってしまったので駄目だったので〔近所
　の〕田辺さんから千円借りた。

②9月30日　今朝は大して苦しいとも思はなかったのでアストは服用
　しなかった。久雄は川口へ〔電子機器用の〕端子板をとりに行き、弘
　子は銀行から五千円だして大森の工場へ届けに行った。田辺さんへ
　千円御返した。

③10月4日　久雄を博多迄やり、博多の弟〔山﨑新四郎〕に熊本に行っ

て貰って交渉して、受取書に印をおして貰い久雄が持って帰ること
にした。今朝、博多へ速達でその旨頼む。熊本の電気通信資材配給
局にも書類三通書留速達で送った。

④10月11日　田辺さんに電話を借りて博多へかけた。至急報ですぐ出
た。主人話しした。新四郎さんが出た由。熊本へは九日に荷物が着
き本来なら役所が荷を解体する處を製作会社の方で解体してくれと
の事なので、人夫を雇ってする事にし、友人に頼んで来たとの事。
解体したら多分すぐ書類はくれるだらふと云ふ事なのださうだ。主
人やっと安心したらしい。

⑤10月16日　主人、漸く、本省から金を頂いて小切手を大阪銀行〔住
友銀行〕へ預金していらした。

⑥10月18日　大阪銀行へあづけた七十四萬余円も支払に足りない程で
がっかりだ。今日六枚程小切手を切り、五十五萬余も拂ってしまっ
た。……午後主人は方々の支払に出かけ、夜早く帰宅。

　「株式会社社長」の仕事を手伝って銀行との小切手取引をしているのは、
喘息の発作に悩む妻糸子であり（①）、次男久雄と長女弘子はそれぞれ製
品と代金の運び役を担当し（②③）、電気製品を関東のメーカーから九州
の通信局まで届ける作業は、博多の親戚が手伝い、取引の確認には久雄が
わざわざ博多まで出かけている（③④）。家族と親戚を動員して仕事をこ
なし、雇われた従業員がほとんど見当たらない浅八社長の働く姿は、会社
企業の社長というより個人商店の親父のイメージである。それでも、1回
の取引額が70万円台（⑤⑥）というのは、会社企業なみの金額だと言う
べきかもしれない。

　ここに示された東都通信工業株式会社の営業は、通信省の行う電信電話
事業のうち、一般の民間業者が担当する建設工事ではなく、もともとは逓
信省が行ってきた通信機そのものの製作と設営を民間業者が下請けするよ

うになった動きの延長上にあるものと思われる。その源流は、逓信省がアジア大陸の諸国や地域に進出するようになると、入札工事の契約を官庁の名前で行うことができないため、1937年4月に国内有力メーカーの出資により、日本電信電話工事株式会社（資本金2,000万円）を立ち上げたことにあったとされている。この会社は1939年に倍額増資した上で国際電信電話株式会社の子会社となり、アジア各地での通信事業を展開したが、戦後、親会社・子会社ともに解散させられた。梶井剛（1887-1976）の『わが半生』（非売品、1968年）は、その後始末について次のような興味深い指摘を行っている（148-149頁）。

〔戦後、国際電信電話株式会社が解散させられたときに〕日本電信電話工事会社も解散させられてしまいました。ところが、これは〔国際電電のように〕電気通信省で引取るわけにいかないものですから、小さな会社にいくつも分散したわけです。ちょうど海外から引揚者が帰ってきていたところで、その人たちの仕事には格好ですし、資本金はわずかでも、からだで働けばいいのだからということで、そのうえにも小さな会社がどんどんできて、一時は工事会社が三百にも達しました。しかし、それでは小党分立みたいなもので、力のない小さな会社が数多いものですから、こんど〔1952年に〕電電公社になって仕事を出そうというとき困るわけです。そこでお互いに勧誘し合って、強化のために合併もしたし、またその模範になるように、日本通信建設株式会社と協和電設株式会社というのが出来て、そういう大会社が小さい会社を吸収していくとか、あるいはお互いが合併して大きくなって、今日では工事会社は百ぐらいになっています。しかし、これでもまだ多いわけで、……十ぐらいに集約したほうがいいのではないかと私は思っています。

　浅八が「社長」を務めた「株式会社」は、おそらく梶井のいう「小さな会社」のひとつだったのであろう。浅八は62歳になった1954年1月に「退職」したが、それは梶井剛が1952年に初代総裁になった日本電信電話公社（電電公社）の進めた合併促進策の結果であったに違いない。それまでの浅八は、寛治の「株式会社社長」のイメージとは程遠かったとはいえ、それなりの収入を得ていたようであり、生活の苦しさは、むしろ、子どもの成長にともない家計の必要経費が増額の一途を辿ったことによるのではなかったかと思われる。経費面で注目されるのは、先の引用にもあったように、妻の糸子が喘息の発作に襲われて治療費がかさんだことに加えて、戦前来の国民病である結核に章雄、義脩が揃って罹ったこと、あるいは久雄の虫垂炎の手術なども影響していたようである。義脩の記憶によれば、1952年頃の春に、章雄、義脩の順に、「肺門リンパ腺炎」との診断を受け、2か月程度学校を休んだという。毎日、田園調布中央病院に通って、ストレプトマイシンの注射を合計37-38本打った記憶があることから、これは「結核」であったとみて間違いないであろう。なお、1953年4月に東京大学へ入学する康雄も、その前後に結核の症状の痕があることがわかった。歴史的には、これら3名の結核感染は、母糸子のスペイン風邪の感染にも匹敵する石井家そのものの「生存の危機」であったが、抗生物資の発見・普及によって辛うじて危機を脱することができたのであった。久雄が1955年4月に悪性の虫垂炎で手術したときも、すでに虫垂が破裂寸前で危険な状態であった。この時の手術料・入院料は合計で3万5,740円かかり、恩給抵当で金融公庫から借金をして支払った（1955.5.23）。

浅八の退職による苦境と子どもたちによる収入増加

　1954年1月に浅八が退職したことは、翌55年3月の所得税確定申告についての「去年は給与は恩給と退職金一、二月八万五千円だけなので、税額は退職金の源泉徴収一万円位が還付金となる」（1955.3.11）という日記の

記載が根拠である。しかし、退職によって浅八の収入がすべてなくなった
わけではなかった。恩給が年4回に分けて合計手取り14万円ほどあり、
それに加えて「組合」なるところから毎月3万円が「生活費」として送ら
れてきている。合わせて年間50万円はあったことになるが、現役時代に
比べれば大幅に減っていることは間違いなかろう。

　「組合」とは何かは直接にはわからないが、退職後のある程度の期間の
「生活費」を保障することを業務のひとつとする企業間の組織らしい。「生
活費」支給の期限は不確定であったから、浅八・糸子夫妻としては絶えず
打ち切りに怯えなければならなかった。退職1年後の日記に糸子が「端子
函配線組合幹事高千穂通信から毎月の生活費が今朝送ってきた。先月で丁
度一ヶ年送って来たから或はそれきりで今月は来ないかもしれないと心配
していたら来たので本当に嬉しかった」(1955.2.25)とあることは、そうし
た不確実性への危惧を示すものであろう。同年8月31日の日記には、次
のように、改めて6か月に限って生活費を支給するのでそれまでに就職先
を見つけるようにとの話が、電気通信省施設局次長から伝えられたとある。
この記述は「組合」と「生活費」支給の実態を示唆するものなので引用し
よう。

　　　朝、鈴木氏が自家用車で宅へいらして、之から佐々木氏（次長）の許
　　に行くと迎へに来て下すったので、主人、急いで同乗して伺った。帰
　　っての話に、佐々木氏（施設局次長）や中尾氏、永田氏等に逢い、今
　　後の生活費は、津田さんの工事会社、荒川さん〔荒川大太郎元工務局長〕
　　の工事会社（協和）、本多さんの工事会社の三社より計三万円出して
　　下さるさうだ。六ヶ月の予定でその間に何とか主人の就職先をみつけ
　　様といふ事になった由。又組合の方のも一時に中止させず減額して一
　　万円出して貰いたいと希望して来たと云った。鈴木さんのお世話によ
　　って、又六ヶ月間安んじて居られ誠に感謝に堪えない。

　9月15日に浅八は、日本電信電話公社総裁の梶井剛と「先輩懇談会」の席で面会しいろいろ話したというから、上述の措置が梶井の配慮に沿ったものであることは間違いない。「組合」とは別に3万円を出すという3社は、先に引用した梶井の『わが半生』に出てくる通信工事の請負の「子会社」の集中統合の中核であり、「組合」についても浅八が施設局長に「希望」を述べていることは、浅八への「生活費」支給が、電気通信省関係者によるセーフティーネットの一環であることを示唆している。この支給が正規の規定に基づくものというより、個人的配慮による非公式の支給であり、仕事とは結び付かないものであったことは、そうした配慮が、もともと「仕事人間」であることを誇りにしてきた浅八の自尊心をかえって傷つける一因となったことは想像に難くない。

　だからといって、この年11月には満64歳の誕生日を迎える浅八に、適当な就職先が簡単に見つかるわけではなかった。子だくさんの石井家にとって月3万円の「生活費」がどの程度の意味をもったかについては、渋谷電話局でのアルバイトをしていた久雄が月2千円を家計の足しにしようと申し出たとき、糸子が「昨夜も生活費の予算をよく考え直してみたけど、どうしても五万円以下では出来そうもなく、主人の方からの収入三万円あるとして、敏夫に一万円貰ってもあとどうしていいか分らぬ今、二千円でも入れてくれれば大いに助かる」と喜んでいること（1955.2.2）から明らかであろう。ここで糸子のいう「五万円」は食費を中心とする生活必需品と教育費への支出であり、恩給は特別支出に充てるものとして計算外であった。この年の夏の石井家の面々の生活ぶりを糸子の日記は次のように記していた（1955.8）。

　　毎日洗濯とアイロンかけと御飯こしらへで私の一日は過ぎて行く。主
　　人の就職も二、三頼んであるが何の音沙汰もなく、主人は毎日、文化
　　放送の大学受験英語講座を聞き、庭や畑の手入れをし、疲れれば昼寝

をし、風呂のまきをこしらへ、文芸春秋、週刊朝日、面白倶楽部、子供の漫画をよみ、夜は早く床につく毎日をくり返してばかり居る。敏夫は最近岩波から出版する生物学辞典の原稿書で金まはり少々よく、冬服位買へそうだ。久雄は渋谷電話局の料金課だが毎日凄く暑いとこぼしている。昨日漸々東京通信学園から卒業証書が送って来て成績も優とあり、主人は大喜び。康雄は青塔の事で忙しく楽しそうだし、寛治は来春の大学受験にそなへてこの夏休みが山とばかり机にしがみついて猛勉強だ。弘子はアルバイトで忙くて勉強がはかどらぬと云ふ。章雄は鳩とプール通い、義脩はせみとり、虫とりに忙しい。

　一家の大黒柱であった浅八のこの頃の日常は、本人にとってまったく面白くないものであったに違いない。肝心の仕事の世界から事実上隔離された後に、彼に残された関心事は石井家の「繁栄」であったと言えよう。問題は、その中身が浅八の場合「祖先の名をはずかしめない」という無内容な伝統的発想にとどまり、実質的には子どもたちが浅八個人の考えにあった仕事や結婚をするか否かが基準だったことである。東京大学農学部の助手として研究者の途をまっしぐらに突き進んでいた敏夫に対しては、同じ理系の分野を歩みながらも研究者とはなりえなかった浅八としては文句の付けようがなかったから、結婚問題でクレイムを申し立てるにとどまった。この問題は次章で扱うことにしよう。

　浅八がもっとも厳しい批判を行ったのは、東京神学大学に進みキリスト教会の牧師になろうとした次男久雄に対してであった。この批判はキリスト教信仰に対するものというより、牧師という職業の選択に向けられ、東京神学大学を卒業する間際になって、言うことを聞かないと勘当するぞと叱りつけたため、さすがの久雄も抵抗を諦めざるを得なかった。久雄は方向転換に際して、青山学院大学への転校を試みたが、旧制大学から新制大学への転校は制度的にできず入学するなら1年次生からだと知って断念し、

日本電信電話公社での臨時雇いから始め、1956年5月に正社員となった。実は、石井家の人びとの中には、キリスト教の信者となる者が、久雄に続いて、弘子、寛治、義脩、糸子と相次いでおり、弘子に至っては牧師の飯澤忠と1958年5月に結婚するのであるが、その前年に浅八は逝去していたから、浅八には弘子を批判する術がなかった。浅八としては、自分の死後に妻の糸子までがキリスト教信者になるとは全く予想できなかったであろう。

浅八にとって、寛治が経済学者の途を選ぶことも予想できなかったであろうが、入学した東京大学で康雄のような法学部でなく経済学部を選んだことには反対しなかった。理系の途でなく法学部や経済学部のような文系の途を選ぶことに賛成した理由のひとつは、比較的技術系官僚の地位が高いと言われた逓信省にあっても、文系官僚や軍事官僚に頭を押さえつけられたという苦い経験があったためかもしれない。いずれにせよ、浅八からみれば、寛治は学校の成績がよかっただけに「先祖の名をはずかしめない」ばかりか、大いに「先祖の名」を高めるものと期待をもっていたようである。都立日比谷高校の卒業式で寛治が総代として答辞を読むというので、浅八は糸子と一緒にわざわざ卒業式に出席し、謝恩会にも浅八は参加した。その会で校長や担任教師から「寛治の答辞はよく出来たとほめられた。面目を施したと大喜びしていた」(1956.3.6)と糸子もこの時ばかりは夫と共鳴している。寛治が東大の入試に合格したと聞いた糸子は、「誠に嬉しい。之でほっと大安心した」(1956.3.23)と喜んでいる。

以上のように、退職後の浅八は、事実上失業状態という面白くない日々を送っていたが、最低限と思われる一定額の「生活費」を旧逓信省の仲間に支えられつつ入手できた。それでもさらに増えつづける石井家の出費を賄ったのは子どもたちが獲得しはじめた収入であった。東京大学助手としての敏夫の収入がもっとも大きかったことは前述したが、方向転換した久雄が1955年12月から試用員としての月給8千円を貰いはじめ、翌56年

5 月に正社員となってからの月給は当然それ以上の金額だったと思われる。康雄は、1957 年 4 月に入社した日本電信電話公社から月給手取り 1 万 2 千円を貰うようになり、「内には当分久雄と同じ 1500 円出すといっている」（1957.5.10）と糸子は記した。さらに康雄と久雄には、1957 年 7 月から、〔糸子の〕「薬代として五百円ずつ出して貰ふことにした」（1957.7.24）とある。弘子と寛治は大学に入ってから家庭教師などのアルバイトで稼いでおり、母糸子も弘子から 6 千円、寛治から 5 千円を一時的ながら借りるほどになった（1957.7.6）。大学を卒業したあとの弘子は、貿易商社木下商店に勤めることが決まっており、石井家の連結会計の内実はさらに好転するものと予想された（1957.10.2）ところで、浅八が突然倒れたのである。

晩年の浅八の憂鬱な日々と突然の死去

　浅八の最期は、実にあっけなかった。1957 年 10 月 30 日の夜 9 時に突然脳溢血を起こして倒れ、2 日間の意識不明の末、11 月 1 日夜 8 時 25 分に死去したのである。糸子はこの時のことを、「何者か強い力で強引に引っぱって行ったかの様に、あっと云ふ間もなく夫は天国へ旅立ってしまった」（1958.6.6）と記しているが、まさにその通りであった。振り返ってみると、最晩年の浅八は、いらいらとする毎日を送っており、自分の気に入らないことがあると家族に向かって怒鳴りちらし、朝晩欠かさずに酒を飲んでは騒いでいた。それは、この世に自分の居場所がないために酒の世界へ逃げ込むかのようであって、その挙句、本当にこの世からいなくなったように見えた。浅八の身になって考えると、仕事仲間からは引退した先輩として「生活費」を支給されたが、それは仕事好きな浅八としてはかえって屈辱的な好意に思われたであろうし、家庭においては、子どもたちが勝手な方向に進み、父親の意見は無視されるばかりだと感じられたのであろう。実際には、まじめ一本槍の模範的官僚として働いてきた浅八は、自分の恩給の乏しさを旧通信官僚たちがカバーする好意を喜んで受け取ればよ

いのであり、60歳台後半の浅八は、育てた子どもたちの成長を大所高所
から眺めて励ます老人として、ゆったりとした余生を送ればよかったので
ある。それを阻んだのは、子どもには自分の考えで未来を切り開くことを
認めるリベラルな教育姿勢を欠いたまま、戦前来の価値観を子どもに押し
付けようとした浅八の人間観だったと言えるかもしれない。

　11月4日には、浅八の葬儀が日本電信電話公社総裁梶井剛を葬儀委員
長として、田園調布の自宅で行われた。大学2年生の四男寛治はその日記
の中で、次のように記している。

> 告別式は壮観であった。一時から二時迄の間に五百人もの人がやって
> 来て、玄関でお焼香をした。電々公社副総裁を筆頭に各局長、課長級
> がズラリと勢揃いした。学校関係でも田〔園調布〕高、田〔園調布〕
> 中の校長、教師、生徒がワンサと来た。父もこれ丈の人が来てくれれ
> ば満足であろう。坊主は気に食わなかった。お経とは漢字を音で読み
> 下せば出来ることを発見。棺を閉じるときは、永久に父と別れるのだ
> と思って一寸悲しかった。みんな帰ってしまってからは、ただ静かに
> なった。〔糸子の弟〕新四郎叔父、〔浅八の甥〕貞彦さんも帰った。

　この葬儀ではわが家の玄関口から坂道を通って長い長い行列ができ、巡
査が交通整理にあたったことで、後々までの語り草となった。こうして四
国の片田舎から逓信省技術官僚のトップへの途を駆け上がった浅八は、支
配者として君臨した石井家から突如として姿を消したのであった。

　浅八が顧問をしていた通信タイムス社の雑誌『通信タイムス』1957年
12月号は、浅八の急逝を報じ、「氏は、逓信省技術畑の中でも有数な人材
として異色ある人柄とともに知られていた。とくに日満電話ケーブルの建
設には大きな功績を残し、退官後は電気機械統制会に入り、通信部長とし
て関連産業の育成に尽力された」と逓信官僚石井の業績を総括した。

　つづいて同僚・後輩による追悼文が掲載されたが、彼らが異口同音に強調したのは、「仕事の鬼」であり「仕事の権化」とも言うべき石井浅八像であった。例えば、電電公社理事・技師長の中尾徹夫氏は、「石井さんは非常に仕事に熱心だということと几帳面だという印象が残っている。文書は一字一句でも注意され、きれいに書いてないと喧しい。それにあらゆる参考資料を貼付した厖大なものに纏めてないとお気に召さないというように、いかにも性格を現わしたものである。……やかましい半面、石井さんは部下を非常に可愛がった。その当時は物価も安かったが、よくポケット・マネーで『みんな疲れたろうから一杯やろう』と言って、鳥料理屋で御馳走になり、『元気をつけてまた明日は頑張ってくれ』という調子であった」と回顧している。津田龍三氏（日本通信建設社長）は、少し違った角度から、「彼は仕事に対して鬼となっているので、磐根錯節〔入り組んで解決困難な事柄〕をもあらゆる工夫を以て通して行ったのである。この反面彼の部下となった人は、非常にこき使われているのである。この人達には私同様良い勉強になっているのであるが、当時は悲鳴を挙げていた」と述べた。渡辺音二郎氏（電気通信共済会理事長）の場合は、「一事に執して、周囲を見まわせなかった仕事欲が、石井さんという大器を完成させない嫌があったことは、くれぐれも残念である」という浅八への批判を記していた。尾上勇氏（協和電設取締役）が、「仕事の権化」といわれた「石井さんはよく勉強していられた。読書をたしなむ以外にはこれという趣味は見られなかったが、よく飲む機会が多かった」と回顧している点は、家庭人としての浅八の姿とも合致している。浅八の読書好きは事実であるが、電気通信の専門書が中心であり、前島密が書架の大蔵経を繙いたような関心の広がりはなかったようである。

　　〔ちなみに、石井浅八の墓碑銘に享年64とあるのは65の誤りであり、浅八は今日風に言うと前期高齢者に仲間入りしてから亡くなったのである。〕

第4章　子どもたちの就職・結婚を支援する母親

長男敏夫と長女弘子の独立と石井家を守る次男久雄

　石井家の子どもたちが、いつどこに就職し、誰といつ結婚したかは、そ
れぞれが石井家から羽ばたいて独立した指標となろう。ここに表示したの
は子どもたちの最初の就職先である（表4-1）。結婚相手については幸い石
井家では離婚・再婚をした者はひとりもいなかった。

　浅八の存命時に就職したのは、敏夫・久雄・康雄・弘子の4人であり、
そのうち浅八による推薦の可能性があるのは、電信電話公社に就職した久
雄と康雄であった。しかし、神学大学を中退した高校卒業の資格で同公社
に採用されるには、臨時雇いのための試験を突破せねばならず（1955.3.12）、
試用員に採用の後（1955.12.7）、正社員となるためにはさらに厳しい選抜を
経なければならなかったから（1956.5.21）、久雄は事実上自力で進路を切り
開いたと言ってよい。康雄の場合は、東京大学法学部卒業という切り札が

表4-1　石井家の子どもたちの就職と結婚

	名前	就職先	就職年月	結婚相手	結婚年月
長男	敏夫	東京大学	1951. 4	楢橋京子	1956. 5
次男	久雄	電信電話公社	1956. 5	栄エミ子	1958.11
三男	康雄	電信電話公社	1957. 4	前川冨久	1962. 4
長女	弘子	木下商店	1958. 4	飯澤忠	1958. 5
四男	寛治	東京大学	1965. 7	大竹摩耶子	1964. 4
五男	章雄	清水建設	1966. 4	武本英子	1969.11
六男	義脩	労働省	1972. 4	甘利順子	1969. 7

後列左から京子、久雄、弘子、前列左から敏夫、章雄、康雄、寛治の順（1956 年 5 月 27 日、敏夫・京子夫妻の新居にて）

あったから、浅八の推薦があったとしても、それに頼ることによってはじめて就職できたと見ることはあたらないであろう。さらに弘子が貿易商社木下商店に就職できたのは、「学校から推薦された」同店の試験に見事に合格したからであった（1957.10.4）。

このように就職問題については、久雄・康雄・弘子がそれぞれ狭き門を順調にくぐりぬけ、独立へのステップを踏みはじめたのに対して、結婚問題については浅八の存命時の最初で最後の敏夫のケースが難航した。

1955 年秋に 28 歳の石井敏夫に対して 1 歳年下の楢橋京子との見合いを持ちかけたのは、福岡での糸子の友人であり、敏夫と糸子の了解を得て、浅八のところへ話を持ち込んだ。浅八は最初は了承したかに見えたが、次第に反対意見に変わり、敏夫をサポートする糸子以下の家族全員と激しく対立した。浅八の反対理由は最初は両家の不釣りあいといった古めかしい議論であったが、真意を問い詰めると、実はいま敏夫が結婚すると石井家への例の「生活費」の提供者の同情がなくなって支給が停止されるかもし

れないと心配していることがわかり、糸子がその提供者に会って確かめる
と、そんなことはありえないと一笑に付されたのであった。こうして浅八
の議論は社会的常識を欠いたまったく幼稚な杞憂に過ぎないことが判明し
たので、敏夫は浅八の反対を押し切り、思い切って結婚することに決め、
楢橋家がこのさい敏夫を養子に迎えたいという希望も認めたのであった。
この事件は、技術系官僚としてトップクラスの実力をもつ浅八が、新憲法
下の結婚は「両性の合意のみ」に基づいて成立するという社会的常識を欠
いたまま行動し、その結果、長男を養子に出すという「先祖」崇拝者にあ
るまじき矛盾に陥ったことを示すものにほかならない。この結婚問題に際
しての浅八の行動は、まさに反面教師として糸子と子どもたちの脳裏に刻
み込まれたのであった。

　浅八が 1957 年 11 月に急死してから半年後に、22 歳の長女弘子が、横浜
の上星川教会の牧師であり、のちに北海道の美唄教会の牧師となる 27 歳の
飯澤忠と結婚した。もしも、浅八が生きていれば、この結婚をめぐっても

1957 年 11 月の浅八没後。後列左から康雄、久雄、寛治、敏夫、前列左から弘子、義脩、
糸子、章雄（1958 年中か、田園調布の石井宅にて）

断固として反対の態度をとったに違いない。そのことは、久雄の牧師志望に対して浅八が厳しく反対したことからも十分予想できたことであった。おそらく弘子はそうした反対を予想して、場合によっては父浅八の下からの「家出」の強行を覚悟していたのであろう。しかるに、実際には浅八が急死したことによって、飯澤忠と石井弘子との結婚式は1958年5月4日に無事挙行され、弘子は石井家とくに糸子の下から平穏裡に独立することができたのであった。浅八の死について糸子が前述のように「何者か強い力で強引に引っぱって行ったかの様に……夫は天国へ旅立ってしまった」と、弘子たちの結婚式が終わった直後の6月6日に回顧したのは、そこに神の導きのあったことを感じとったからであろう。糸子が田園調布教会で受洗したのは、1958年12月21日（日）のクリスマス礼拝においてであった。寛治のこの日の手帳には、「母受洗、涙が出る程うれしかった」とあるが、もっとも嬉しかったのは弘子であったろう。

　こうして長男敏夫と長女弘子が、それぞれ石井家から分離独立したあとの田園調布の石井宅は糸子とともに次男の久雄が管理し、久雄が固定資産税を納入するようになった（1960.2.13）。弘子の結婚と同じ1958年の11月8日に、29歳の久雄は日本電信電話公社で知り合った同年齢の栄エミ子と結婚した。もっとも久雄・エミ子夫妻が田園調布の家に糸子らと住むようになるのは、1961年2月に長男宏道が生まれてからのようである。糸子の日記（1960.1.7）に描かれた1960年の元旦の田園調布の石井家の風景は、次のようだったからである。

　　元旦は〔楢橋敏夫家の長女〕圭子ちゃんが風邪気味で来るはずのが来られなくなり楢橋一家は不参で、久雄たちだけ来て夜食事を共にした。昨日発熱した章雄は今朝からは治って起きられ、雑煮を祝うことが出来たが、私は高血圧、176～136、との診断をくだされて、養生しなければならなくなった。前川ふく子さんも来た。エミ子さんとふく子さ

んには御年玉代りにハンカチの箱入りを上げたし、まづは、よい元旦
だった。

　ここには、康雄と寛治、義脩への言及はないが、康雄は「今夜も居残り
でおそく帰宅。寒いのにご苦労」(1960.1.7) とあり、田園調布教会の元旦
礼拝に出席している寛治とともに田園調布の石井宅に住んでいたことは明
らかである。さらに、「章雄も義脩も真剣な勉強にあけくれているが、こ
こ二週間ばかりが山だ。神よ、彼等の健康を守り給え」(1960.2.13) とある
ことが示すように、この2人は、田園調布のわが家で、それぞれ都立大学
と小山台高校を目指して猛勉強中であった。その合格を祈る糸子の「神」は、
かつての天理教の神からキリスト教の神へと変わっており、糸子は娘弘子
の導きで田園調布教会の熱心な会員になっていく。このように、1960年
前半の田園調布の家には、糸子を中心に、康雄、寛治、章雄、義脩の5人
が住んでいたのである。
　では、浅八が亡くなり、敏夫、久雄、弘子が独立したあと、糸子を軸と
する石井家のメンバーの生計はどのように営まれていたのであろうか。表
4-2に掲げるのは、1960年前半の糸子の日記の末尾に記された平均1か月
の家計収支である。

　ここに記されているのは、糸
子から見た基礎的な家計の収支
モデルであるが、1人3千円の
食費を中心に合計4万円ほどの
支出がなされている。8人分の
食費が計上されているのは、石
井家5人に加えて、収入の欄に
ある〔山﨑〕節子と下宿人安
藤・五十嵐の3人分の食費が加

表 4-2　石井家の家計
(1960年、1か月平均)　(円)

収入		支出	
糸子扶助料	7,000	食費 (3,000×8)	24,000
康雄より	10,000	教育費	4,000
寛治より	3,000	新聞・雑誌	730
敏夫より	3,000	光熱・水道	5,500
節子（姪）	3,000	医薬・衛生	2,500
安藤（下宿人）	7,800	交通・通信	500
五十嵐（同上）	7,100	その他	4,670
計	40,900	計	40,900

出典：『糸子日記』(1960.1-5)。

わるからである。空いた部屋を使って、糸子は東京の大学に通う弟新四郎の次女節子を住まわせており、他の2名の下宿人と合わせて1万7,900円を稼いでいた。糸子には浅八の遺族年金月2千円を含む月7千円の「扶助料」収入もあり、それらを合わせると全収入の60%を占めたから、小さな民宿を開設・運営していたようなものであった。

　独立した長男敏夫からの収入は3千円に減っており、この時期の子どもたちからの収入の中心は日本電信電話公社に勤める三男康雄が給与の一部を拠出した1万円であった。寛治からの収入3千円は、ちょうど食事代に相当するもので、寛治は新日本奨学会からの月6千円という破格の高額給付奨学金と家庭教師のアルバイト収入の一部を家計に拠出していた。久雄からの拠出金はこの表にはないが、年額1万2,210円の固定資産税は久雄が拠出しており、久雄・エミ子夫妻は、将来の田園調布の建物の新改築へ向けての資金作りに精力を傾けていたのではないかと思われる。このようなやりくりでなんとか収支の帳尻を合わせていた糸子であるが、預貯金の余裕はなかったからしばしば資金ショートに陥り、その度に、敏夫から1万円（1960.3.17）、久雄から8千円（1960.3.26）という具合に借金をしなければならなかった。それでも糸子が借金ができるまでに子どもが成長したことは、糸子に生計上の安心感を与えたであろう。彼女の努力は、章雄と義脩が一人前の独立した家庭をつくれるようになるよう配慮し、激励することに集中していった。

米国の大学へ移る敏夫と、三男康雄・四男寛治の就職・結婚

　糸子の日記の1960年3月18日の項に、「シカゴ大学から月四〇〇ドルとの事が昨日通知して来た由。来年一月からなので今年十二月末には渡米しなければならぬとの事」とある。この通知が、敏夫の研究拠点を東京大学からアメリカの諸大学に移し、その才能を全面開花させる転換点となった。敏夫はそれまで東京大学農学部の害虫研究室の助手として殺虫剤が昆

虫の神経にどのような作用を及ぼすかを研究しており、その研究は殺虫剤を対象とするものから、広く神経細胞に関する神経生理学の研究の最先端の新分野を切り開くものへと発展しつつあった。寛治は、農学部の敏夫の研究室の見学にいったことがあるが、薄暗い研究室いっぱいに電気回路を張りめぐらした奇妙な装置があって、どうみても多摩川辺りで敏夫と一緒にとったバッタの研究装置には見えなかったので、なんという装置を購入したのかときくと、この装置は自分が考案したもので特注品だよと教えてくれたのを覚えている。問題は害虫研究室が助教授と助手からなる不完全講座であって教授のポストがなかったため、助手の敏夫は山崎輝男助教授が辞めるまで研究権限の乏しい「万年助手」として過ごさなければならないことであった。そうした古くからの権威主義的な研究組織でなく、アメリカの大学のような実力主義の世界にあこがれた敏夫にとって、シカゴ大学からのポスドク研究員（Postdoctoral Researcher, 博士号取得後の研究員）としての招聘は願ってもない好機会であった。こうして、アメリカへ渡った敏夫は、水を得た魚のごとく大活躍をはじめ、1962年にはデューク大学の助教授となり、翌年から2年間だけ東京大学に戻ったが、1965年には東京大学を退職してデューク大学に復職し、以後一貫してアメリカで神経生理学の世界的権威として活動することになった。その研究実績は第2部における検討にゆずるが、石井家にとっては1965年からの敏夫のアメリカ永住は大きな画期となった。

　1962年4月には、28歳になった三男康雄がかねてより交際していた22歳の前川冨久と結婚した。2人とも田園調布小学校の卒業で、同窓会である青塔会の18回生と24回生として早くから知りあっていた。実は、前川冨久の大学受験のための家庭教師をしていたのは寛治であり、康雄が冨久をたびたび遊びに連れ出すのを口頭注意したところ、そんなにガリガリ勉強ばかりしても効率がかえって低下するのであって、お前が勉強を教え、俺が遊びを教えることでちょうどバランスがとれるだろうと言うので、法

学士の三百代言とはこんなものかと呆れた記憶がある。幸い冨久は志望の薬科大学に合格したが、卒業早々に結婚し家庭に入ってしまったので、薬剤師を育てるつもりで家庭教師となった寛治の貢献は乏しかったことになるかもしれない。

　そういう筆者も、26歳になった1964年4月には、24歳の大竹摩耶子と結婚したから、若くして結婚したと兄康雄を批判できる立場にはない。この結婚も青塔会22回生と24回生の結婚であり、摩耶子は冨久と同期生であったが、われわれの交際はキリスト教会での出会いに発するものであり、キリスト教と人文社会科学に関する討論が2人の関係を深めていった。結婚当時、寛治はまだ東京大学大学院経済学研究科の博士課程3年、摩耶子は東京大学大学院社会学研究科博士課程1年であり、学生同士の結婚であったから、母糸子もかなり心配したものと思われる。しかし、寛治の結婚は、弘子の場合と似て、同じ職業に就く者同士の結婚であるから互いの協力による相乗効果もあると見做してくれたのではないかと思う。寛治は1965年7月に東京大学経済学部助手になり、摩耶子は1967年4月に獨協大学外国語学部専任講師になったから、安月給の大学教師も2人で組めばなんとか生活できるという糸子の見通しは的中したと言えよう。

　1960年代前半の糸子にとってもっとも嬉しかったことは、章雄と義脩が、それぞれ目指していた都立大学と東京大学の入学試験に合格したことであったろう。1960年3月に田園調布高校を卒業した章雄は、椎間板ヘルニアの大手術をしたこともあって2年間の浪人生活を余儀なくされた。1962年3月も、慶應義塾大学工学部と早稲田大学理工学部の試験に不合格だったため、都立大学工学部に合格したという知らせを聞いたときは、「皆々ふしぎがる位、予期しない事で、何と云う嬉しいことか」（1967.3.15）と、糸子は手放しで喜んだ。章雄の合格が糸子にとっていかに嬉しかったかは、「〔翌朝〕4時頃目が覚め、昨夜の都立大合格の報ですっかり興奮していたせいか、中々眠られないので起きてイソミン2粒のんだ。そしたら

5 時過眠ったらしく 7 時起きた時、まだ目がさめきれず、ねむくてつらかった。一日中ふらふらしていた。……私は毎日朝晩神様に都立大合格をあんなに熱心に祈ったのだから、きっと祈りにこたえて下すったものと思ひ、感謝に耐へない思いだ」(1962.3.16) とあることからも明らかであろう。心配で眠れないことはよく聞くが、糸子のように嬉しくて眠れないこともあるのであり、それが母親の愛情というものだろう。

　義脩は、1963 年 3 月に小山台高校を卒業し、一浪して、64 年 3 月に東京大学へ合格した。高校 3 年生の 1962 年 6 月のアチーブメント・テストの成績が、クラスで 4 番、全体で 17 番の好成績だったことからみると (1962.6.25)、その後の伸び方によっては東京大学の現役合格も夢ではなかったが、実際にはそう簡単ではなく人並みの一浪をすることになった。しかし、1 年後には見事合格できたので糸子は安心したようである。ところが、義脩は入学後における進路をめぐって試行錯誤を重ね、糸子を心配させることになる。

五男章雄と六男義脩を独立させた糸子の決断と死去

　石井糸子は、1971 年 1 月 18 日に満 64 歳で天に召された。浅八亡き後、糸子を中心として述べてきた石井家全体の歴史に関する第 1 部の叙述は、糸子の死をもって終わることになる。第 1 部では、石井家における子育ての完了の指標を、既に述べたように子どもがなんらかの仕事に就き、結婚することによって親から独立することにおいたが、そうした指標（それは普遍的なものではなく、結婚については参考としての二次的指標に過ぎない）から見た場合に糸子は果たして子育てを完了した上でこの世を去ったのであろうか。結論を先に言えば、糸子は章雄と義脩という残された 2 人の子どもをほぼ独立させた上で亡くなったのであった。

　糸子は、亡くなる 5 年前の 1966 年元旦の日記に、自分の役目である子育ての完了について、次のような楽観的な見通しを記した。

今年は丙午（ひのえうま）の年だ。3月13日に私は満60歳を迎える。幼い時から何度か病気で死にかけた私がよくもどうやらここまで生きて来られたと思う。ビンには白髪が数本生え、耳は遠くなり、心臓や気管には慢性の病気をもち、冬中かぜの完全に治ることのないこのひびの多い私を神様はまだまだ御用の為に生かしておいて下さるらしい。子供等もだんだん成人し社会に出て行き、それぞれ幸福な家庭をつくり、今年は又一人章雄が社会人として巣立って行く。義脩もぐずぐずしてはいるが、自分の進む道はまちがわずに進んで行くことと思う。……私はもう自分の子供達については何も心をわずらわさない。大局的には私の子供達は皆信頼のおける者たちだと信じている。いつ、私が召されても私は心残りはない。すべては主に御まかせする。

　この見通しが書かれた1966年1月の時点は、章雄が都立大学工学部の建築工学科を間もなく卒業して清水建設に就職することが決まっており、義脩は東京大学教養学部2年次で、これからどんな専門領域に進もうかと模索している時期であった。未確定の部分があるが、大学を終えて社会的活動をするだろうという糸子の楽観的な見通しの根拠はあったと言えよう。
　ところが、そうした2人の生活に大きな転換をもたらす事態がこの時点で発生した。それは古くなった田園調布の家の建て替えにともなう問題である。1966年6月16日の糸子の日記には、「夜、前川さん大工の門口氏をつれて来てくれた。久雄たち章雄も帰ってきていろいろ話し合う。8月の中旬頃からかかれるらしい事になった。坪8〜9万円位の予定」とあり、6月24日には、「設計を頼んだ都立大の八木沢氏来宅。久雄もエミ子も休んでいろいろ話合う。……私は義脩の入寮申請にそえる書類をとりに郵便局と出張所に行く」と記録されている。新築費用は現建物と同じ40坪として340万円。これは章雄の初任給2万2,500円の年給換算（ボーナスを加えて15か月）34万円の10年分だ。決して小さな金額ではないから、貸

室収入を担保とする借金も必要となると、義脩用の個室はなくなり、義脩は東大の学生寮に入る計算になる。問題は、こうした打ち合わせに当事者のひとりである義脩の名前がなく、部屋割りは義脩ぬきで決められたことである。それでも入寮ができればよかったが、寛治の記憶では、東大当局が東京在住者の入寮を頑なに拒否したために義脩はやむをえず糸子の部屋に同居することになった。義脩が石井家の建物に居着かなくなり、学業が疎かになった大きな原因は、成人した男子が母親との同居を好まなかったことにあるように思われる。資金面の制約があることも確かであるが、そうであればなおさらお互いの意見交換と相互了解が必要だったのではあるまいか。

　もっとも、義脩本人の弁では、学業が疎かになった主たる原因は、東大に入って当面の目標がなくなり、いわゆる五月病に陥ったことにあるという。留年と休学を繰り返していたが、このような時期の、1969年7月に24歳の義脩が22歳の甘利順子と結婚した。義脩と順子はいずれも大学卒業がピンチになっていたが、互いに励ましあって学業に頑張ることにより、順子は留年を回避して卒業し、義脩は1970年秋に教養課程（駒場キャンパス）から専門課程（本郷キャンパス）に進学できた。このことを順子が見舞いがてら関東逓信病院（現・関東病院）に入院中の糸子に報告したところ、大変喜んだという。

　2人の結婚については、まだ義脩が学生の身分であったことに加え、2人が田園調布教会の会員同士として知り合った後、1969年3月のスキー旅行で交際を始めてから1か月で結婚話が出たので、もう少し時間をかけた方がよいとの批判が多かったが、糸子はアメリカの敏夫からの意見（1969.6.18）も参考にして、このさい義脩を結婚させて自分の生活にも責任をもたせた方がよいと判断し、思い切って結婚を認めたのであった。この糸子の判断は的中し、義脩は3年後の1972年4月には東京大学医学部保健学科を無事卒業し、労働省に就職した。就職時には糸子はこの世にいな

かったが、生前に義脩の結婚を認めることを通して、医学部での真面目な勉学へと軌道修正させることに成功し、就職＝独立への道筋をつけたことによって難しい子育ての責任を全うしたと言えよう。

　清水建設に就職していた章雄は、都立大学のスキー部に所属の女性と付き合いがあり、このまま続けば結婚もありかなと考えていた。事前に石井家の誰かに顔合わせができればよいと思っていた矢先に、康雄と冨久が志賀高原へスキーに行くとの話があり章雄のカップルも同行した。後日、章雄が相談事として康雄に、結婚相手として相応しいか尋ねた時に"NO"の回答であった。章雄はこの返事に思い当たる節があり、これ以上の付き合いは進まず、残念ながらカップルは解消してしまった。康雄は彼女の性格をみて返答したようであり、一方、章雄もこのような場での彼女が思いやりに欠けている節に気づいていたようだ。翌年、宇都宮へ転勤となって営業所で働いていた時に武本英子との付き合いが始まり、間近に彼女に接する機会も増えて、「今まで交際した女性では一番しっかりしている」と判断していた。この時も康雄に相談したところ、「いいんじゃない！」との回答で少し気をよくしていた。結婚式では糸子と同郷の友人で夫が日本不動産銀行会長の湯藤実則ご夫妻に仲人をお願いすることになり、事前のご挨拶に伺い、諸々のアドバイスを頂戴して本人も気を強くした。また、同じ職場にいたことから、彼女は建築家の妻という立ち位置も十分に理解しており、章雄は28歳になり、自身で決めた。

　最晩年の糸子は、子育ての完成を目指すとともに、同居する久雄・エミ子夫妻の子どもである孫の宏道（1961年生）と昌道（1967年生）の面倒もみるようになった。しかし、先に引用した1966年元旦の言葉にもあるような心臓喘息と気管支喘息の病は次第に悪化し、双方の治療が矛盾する副作用をもたらすようになって、糸子は、1971年1月18日午後10時35分に関東逓信病院において64年の生涯を閉じたのであった。寛治は、糸子が亡くなる前夜、ひとりで看護の任にあたっており、抱きかかえた糸子の

身体の軽さに驚くとともに、この小さな身体でよく 7 人もの子どもを産み、育て上げたと感心したことを覚えている。1 月 21 日の葬儀で皆に別れを告げた糸子の顔には、子育ての大役を果たしきったことに満足した安らかさがあった。

糸子 30 回忌。後列左から義脩、章雄、寛治、前列左から弘子、康雄、久雄、敏夫（2000.12.3. 新宿、車屋にて）

石井浅八・糸子夫妻と子どもたちの略年表

石井浅八関連			石井糸子／子どもたち関連		
1848	3.10	石井辨治、三好鉄造の長男として生まれ、のち先代石井辨治の養子となり襲名	1852	-. -	宮内福蔵、下総国銚子の松熊林蔵の子として江戸にて出生
1876	1.23	石井テル出生（石井辨治・スワ長女、1899 年、白井竹太郎と結婚）	1881	2. -	山﨑わか、福岡県糸島郡加布里にて出生
1882	6.26	石井浪彦出生（石井辨治・スワ長男）	1905	-. -	宮内福蔵、山﨑わかと「アサヒ屋」開店
1884	3.25	石井ノブ出生（石井辨治・スワ次女、のち、イギリス人の Y. H. E. Smith と結婚）	1906	3.13	山﨑糸子、福岡県にて出生（山﨑わか長女）
			1909	5.16	山﨑新四郎、福岡県にて出生（わか長男）
1888	4. 5	石井鶴市出生（石井辨治・スワ次男）	1915	12.11	山﨑六郎、福岡県にて出生（わか三男）
1891	11. 8	石井浅八出生（石井辨治・スワ三男）			
1896	4.21	石井ヨシエ出生（石井辨治・スワ四女、1922 年、豊島清治と結婚）	1919	4. 1	糸子、県立福岡高等女学校入学
			1919	7. 9	宮内福蔵、博多にて死去（68 歳）
1915	4. 7	浅八、京都帝国大学工科大学校電気学科入学	1920	1.21	糸子、スペイン風邪に感染、入院（2.4-25）
1918	7.13	浅八、京都帝国大学卒業、通信省に入省	1920	1.25	山﨑七郎（わか四男）、スペイン風邪で死去
1919	8.12	浅八、高等官六等、札幌通信局在勤			
1922	1.26	浅八、熊本通信局在勤	1922	3.31	糸子、県立福岡高等女学校卒業
1926	4.14	浅八（34 歳）、山﨑糸子と結婚	1926	4.14	糸子（20 歳）、石井浅八と結婚
1929	7.30	浅八、名古屋通信局在勤	1927	1.30	糸子、長男敏夫を出産
1930	10. 4	浅八、電信電話事業研究に英米へ出張	1929	9. 9	糸子、次男久雄を出産
1931	4.17	浅八の母スワ死去（1855 年生、76 歳）			
1932	3.29	浅八、通信省工務局勤務			
1932	4.13	浅八、通信事業特別会計制度調査会幹事	1934	1. 6	糸子、三男康雄を出産
1932	5.16	浅八、電信電話技術調査会委員	1934	5.26	山﨑新四郎、茂子と結婚
1933	5. 1	浅八、早大理工学部で講義（1937 年まで）	1936	2. 5	糸子、長女弘子を出産

1936	6.13	浅八、逓信省工務局日満電話建設課長	1936	10.18	山﨑茂子、長女薫を出産
1937	5.19	高等官二等（勅任官）	1938	2. 3	糸子、四男寛治を出産
1939	10.10	浅八、東京都市逓信局工務課長	1938	7. 1	山﨑茂子、次女節子を出産
1940	4.29	浅八、勲三等瑞宝章	1939	4. 1	長男敏夫、府立第八中学校入学
1940	11.27	浅八、東京都市逓信局工務部長	1941	5.13	糸子、五男章雄を出産
1942	3.16	浅八、逓信省を退官	1942	4. 1	次男久雄、青山学院中学部入学
1942	3.17	浅八、電気機械統制会通信部次長	1943	4. 1	長男敏夫、府立高校理科二類入学
1943	1.18	浅八の父辨治死去（94歳）	1944	5. 1	山﨑六郎、南方戦線にて戦死（28歳）
1944	1.15	浅八、電気機械統制会通信部長	1944	8.17	糸子、六男義脩を出産
1945	1.24	浅八、電気機械統制会理事	1944	9.14	山﨑わか死去（63歳）
1945	4.17	田園調布駅西口一帯に空襲被害	1945	4. 1	長男敏夫、東京帝国大学農学部入学
			1945	5.13	糸子、久雄以下の子どもと香川県へ疎開
			1945	10. -	糸子以下、疎開先から田園調布へ戻る
			1946	4. 1	三男康雄、東京高等学校入学
1947	10.15	浅八、関東通信工業株式会社社長	1946	4.26	山﨑茂子、三女久子を出産
			1948	3.31	長男敏夫、東京帝国大学農学部卒業
			1948	4. 1	長女弘子、青山学院中等部入学
			1949	4. 1	次男久雄、東京神学大学入学（53年退学）
1950	9.25	浅八、東都通信工業株式会社社長	1950	4. 1	四男寛治、大田区立田園調布中学入学
			1951	4. 1	長男敏夫、東京大学農学部助手
			1953	4. 1	三男康雄、東京大学文科一類（法学部）入学
			1953	4. 1	四男寛治、都立日比谷高校入学
1954	1. -	民間企業から退職	1954	4. 1	長女弘子、青山学院大学文学部入学
			1954	4. 1	五男章雄、大田区立田園調布中学校入学
			1955	3.25	山﨑薫（杉野学園女子短期大学生）下宿
			1956	4. 1	四男寛治、東京大学文科一類（経済学部）入学
			1956	5.21	次男久雄、電電公社正社員

1957	11. 1	浅八、脳溢血で死去（65歳）	1957	3.13	山﨑節子（明治薬科大生）下宿
			1957	4. 1	三男康雄、電電公社入社
			1957	4. 1	五男章雄、都立田園調布高校入学
			1957	4. 1	六男義脩、大田区立田園調布中学校入学
			1958	5. 4	長女弘子、牧師飯澤忠と結婚
			1960	4. 1	六男義脩、都立小山台高校入学
			1962	4. 1	五男章雄、都立大学工学部入学
			1962	6. -	長男敏夫、米国デューク大学助教授
			1964	4. 1	六男義脩、東京大学理科二類入学
			1965	4. 1	山﨑久子（杉野女子大短期大学部生）義脩が指導
			1966	4. 1	五男章雄、清水建設株式会社入社
1969	3. 3	浅八の姉ノブ死去（83歳）	1968	1. 1	四男寛治、東京大学経済学部助教授
			1971	1.18	糸子、喘息のため死去（64歳）
			1972	4. 1	六男義脩、医学部を卒業し労働省へ入省
2015	6.29	石井家墓所、春秋苑（川崎市多摩区生田 8-1-1、北 8 区 9 側 11 番）へ移転	1973	6. 5	山﨑新四郎死去（64歳）
			2001	8. 6	山﨑茂子死去（87歳）

第2部

理系＝文系の諸分野での人生行路

後列左から、（正実）、義脩、（善生）、康雄、（東太）、寛治、摩耶子、順子、冨久、英子、前列左から、章雄、弘子、忠、敏夫、久雄、京子、エミ子（2012.3.10. 新宿エルタワー店地下2階）

左から、義脩、章雄、寛治、弘子、康雄、久雄、敏夫（1992.4.11. 原宿、南国酒家）

第5章　長男・楢橋敏夫
──米国の大学を神経薬理学研究の世界的中心へ

1.　楢橋（石井）敏夫の生い立ちと理系研究者としての活動

石井　寛治

石井家の長男としての敏夫の位置

　第2部では石井家の子どもたちがそれぞれ、どのような仕事を選び、いかに生きたかを論ずることにしたい。できれば本人の自叙伝のかたちをとりたいが、すでに亡くなった敏夫や康雄の場合や老人ホームにあって執筆が難しい久雄の場合は、本人をよく知る人による回顧談とした。敏夫の場合は、学問内容についての専門研究者による回顧とともに日本と大きく異なるアメリカ合衆国の大学の研究教育制度についての本人の説明を掲げ、敏夫の世界的な研究業績を生みだした制度的背景を明らかにするが、あらかじめ敏夫の生い立ちなどを、第1部の叙述との重複を厭わず簡単に述べておこう。

　敏夫は東京府立八中・府立高校を4年・2年という最短距離で修了したが、高校生活のなかで勤労奉仕に動員された先の伝染病研究所で、マラリア蚊の染色体を顕微鏡で観察するなどサイエンスを楽しんでおり研究者への志向が強まっていた（第1部第2章）。母糸子の思い出によれば、幼い頃の敏夫は、朝、目を覚ますと母の枕許で絵本を見たり玩具を弄ったりしておとなしく遊んでおり、何に対しても興味をもっていたという。長男とし

敏夫と長女圭子。1959 年 1 月 20 日生まれ。日本で撮影

て成長する敏夫に対して、生活が豊かであった両親とくに母糸子は、家庭教師を付けたり、頻繁に模擬試験を受けさせるなど 7 人の子どものなかでは例外的に手厚い教育指導を行い、そのおかげで小学校での敏夫の成績はきわめてよく、当時最高の進学校であった府立八中（品川区）というエリートコースに乗ることができたといえよう。当初あまり通わなかった生気研究所にも、筆者の記憶では、敏夫はその後盛んに通うようになり、自宅でもひとりで研究所特有の「運動」を毎日行って身体を鍛えていた。こうして敗戦直前の 1945 年 4 月に東京帝国大学に入学するまでの敏夫は、両親の特別な配慮を集めて育てられたが、戦後になると、電気機械統制会の仕事を失った父親と病気がちの母親を助けて、6 人の弟妹を育てる手伝いをする立場に逆転した。

　母糸子の記憶では、敏夫は 1948 年 3 月に東京帝国大学農学部をほとんど優等の成績で卒業したが、すぐに研究職に就くことができず、世田谷区立玉川中学校で教鞭をとっていた。49 年 4 月には大学院にも籍を置いて研究を開始し、50 年 9 月の糸子の日記には、「敏夫、今朝八時出立、上田

市で学会があってそれに研究発表する為に行くのだ。二晩泊って月曜に帰るそうだ」(1950.10.13) と、敏夫の研究成果が早くも出始めたことに注目している。こうして 1951 年 4 月に、敏夫は害虫研究室の助手のポストを与えられ、本格的な研究者としての歩みを開始したのである。1950 年代、とりわけ浅八が完全に失業した 54 年以降の石井家の家計にとって敏夫の収入がいかに重要であったかは、第 1 部第 3 章において述べた通りである。1957 年 11 月に父浅八が急死する前後に、長男敏夫と長女弘子が結婚し、次男久雄と三男康雄が就職するなどで石井家全体の連結家計は好転するかにみえたが、四男寛治、五男章雄、六男義脩はまだ学生の身分であったから糸子を中心とする家計の赤字は一向になくならず、新婚家庭をもった敏夫への依存は減りつつも続いていた。1960 年代前半の敏夫はアメリカに留学するが、東京大学からの基本給は引き続き支給されており、同大学の経済系大学院生であった寛治は、それを受け取りに農学部事務局に通い、一部は糸子の手に渡っていたのである。さらに、1953 年に田園調布で借りていた家屋を購入したさいに母の弟、山﨑新四郎から借りた 20 万円のうちの残額 10 万円の一括返済が 1962 年に問題となり、敏夫が 6 万円、久雄と康雄が各 1 万円を負担した記録があることも注目される (1962.11.12, 1963.2.8)。糸子を中心とする石井家の家計が、敏夫への資金的依存を基本的に脱するのは、敏夫が東京大学を辞職してアメリカのデューク大学へ移った 1965 年頃だったように思われる。この年 7 月には四男寛治が東京大学経済学部の助手となり、翌 66 年 4 月には五男章雄も清水建設に就職するからである。もっとも、その後の日記には、「アメリカからは、＄70、送金。近く印税 10,800 円程、こちらへ本屋から送られて来るので、それを足して 7、8 月分だそうだ」(1966.7.9) とか、「敏夫からも手紙とカワセが来た」(1968.4.3) という記載もあるから、糸子への送金自体は彼女の死去まで続いていたようである。

神経薬理学の研究者としての敏夫の活躍

　敏夫が2013年4月21日にシカゴの自宅で結腸癌のために死去したこと
を報じた4月26日朝刊のシカゴトリビューン紙の追悼記事（以下、主とし
て五男章雄の翻訳による）は、「国際的に著名な薬理学者であった楢橋敏夫
氏は、ノースウエスタン大学のフェインバーグスクールの薬理学科を
17年間にわたり指導してきた。さらに終身雇用教授であり薬理学科で
35年間以上も在籍した。多くの人たちは、楢橋氏が神経細胞に関する毒
素の働き等を研究する薬理学と生物学に関連した部門である神経毒素学の
創設者とみなしている。おそらく、楢橋氏の最も偉大な発見は、1964年
にデューク大学で研究に携わっていた時期に、フグの毒であり、神経系統
への猛毒であるテトロドトキシンが神経系統の各部位をどのように麻痺さ
せるかという課題を明確に見極めた時である」という文章から始めている。

　続いて記事は「1961年に、日本より米国の方が研究の機会がより多い
と確信するに至って、楢橋氏はシカゴ大学へ博士号取得済みの研究員とし
て、シカゴに移り住んだ。2年後には、デューク大学医学センターの助教
授としてノースカロライナ州に移った。このデューク大学でフグ毒を解明
するに至ったのである。……1977年に、楢橋氏は、デューク大学を去り、
ノースウエスタン大学医学部の薬理学科長として赴任し、学科長としての
17年間に140名の専門教員、博士研究員、大学院生を教育し、ノースウ
エスタン大学の薬理学科を全米最高の地位に保ち続けた」と述べた。

　東京大学農学部の講座制の枠に縛られ「万年助手」であった時期に、敏
夫は東大教職員組合の書記長として同大学の講座制の功罪についてのアン
ケート調査を実施したことがある。その結果は、流行に外れた研究分野を
維持して将来の発展の芽を守ることを除けば、講座制のメリットは全くな
いというものだったと寛治に話してくれたことがある。そうした枠を突破
しようとアメリカに渡った敏夫にとって、実力主義のアメリカの大学は日

本の大学に比べてまるで天国のように感じられたようである。1968年4月
のアメリカ在住の敏夫の妻京子からの手紙について、糸子は、「敏夫はア
メリカにとけこむことがとても早くて、アメリカに来る為に生れた様な気
がすると云って来た」（1968.4.3）と喜んでいる。敏夫のアメリカでの快適
な研究生活を支えた制度的条件と世界的な業績について詳しくは、次節以
降に譲ろう。ここでは、アメリカでの敏夫の家庭生活についての糸子宛の
報告を、1969年3月4日の日記から引用しておきたい。

　　　夜アメリカからの手紙をゆっくりと読みなおす。今度のには圭子ちゃ
　　ん〔1959.1.20生〕と太郎ちゃん〔1962.1.3生〕の書いた手紙がうれしい。
　　二人とも中々字が上手になった。圭子は3月29日にピアノのコンチ
　　ェルトに出るそうで、今はりきっている様だし、太郎はヴァイオリン
　　もハーフにとりかえ、ビバルディーのコンチェルトをひいているとか、
　　二人共音楽に才能があるのか中々ようやる様だ。京子さんのは、パパ
　　が最近名前がうれて来て方々の大学から講演をたのまれる様になり
　　中々忙しくなったとある。自分はやきもののおけいこを始めておもし
　　ろいそうだ。どうか皆、楽しく、たくましくやっておくれと叫びたく
　　なる。

　糸子は孫たちの音楽好きの才能を自分からの隔世遺伝と見ているらしい
が、母京子の才能の遺伝かもしれない。いずれにせよ妻子の芸術好きとは
無縁な理系研究者としての途を、敏夫はますます好調に突き進んでいるよ
うである。その頃の京子姉の話では、敏夫の趣味はジョギングだそうで毎
朝欠かさずに走っているとのことであった。敏夫によれば、健康であるこ
とを前提に、大学教師として続けて仕事をするためには、①研究能力のあ
ること、②大学院生を教育できること、③研究教育のための資金を調達で
きることの3条件を満たす必要があり、それさえ満たせば自然年齢に関係

2010 年前後の敏夫

なく、いつまでも勤めることができるとのことであった。しかし、競争社会のアメリカという国で、これら3条件を継続して確保することは容易ではない。仮に3条件が満たされても、前提条件としての健康体を維持することは次第に困難となるであろう。敏夫が最後と考えた研究計画の途中で倒れたのは、その意味ではやむをえない運命だったのかも知れない。

　敏夫の病を知った研究仲間は、彼の亡くなる前月の2013年3月1日にシカゴにおいて、彼の研究業績と教育貢献を記念するシンポジウムを開いた。そこでは、現代薬理学と神経毒物学の開拓者としての敏夫の優れた業績を称える報告が次々と行われるとともに、敏夫の研究者としての成功の秘訣として、彼が2001年に記した次の11ヶ条が紹介された（和訳は五男章雄による）。

What is the secret of his success?
　　　Here is Dr. Narahashi's mantra
　　　　研究者である楢橋敏夫博士の成功の秘訣11ヶ条

Rise to the challenge
　　　挑戦する気概を持て
Don't be afraid of taking a risk
　　　リスクを取ることを恐れるな
Develop global visions, not just analytical skills
　　　単なる分析能力だけでなく、グローバルなビジョンを持て

Be a pacemaker, not a follower

　　追従するな、リードしろ

Find a niche, not just a popular trend

　　流行の研究動向に乗るのでなく、自分だけの「場所」（ニッチ）
　　を見つけろ

Develop skills for time managements

　　時間の管理をするスキルを磨け

Develop communication skills: oral and written

　　口頭だけでなく、文章でのコミュニケーションのスキルを磨け

Develop intuition to grab at an opportunity

　　チャンスをつかむ直観力を養うこと

Publish or perish: both quality and quantity

　　質的にも量的にも成果を発信せよ、さもないと取り残される

Be an extrovert, not an introvert

　　内向的でなく、外向的であれ

Don't be a perfectionist

　　完璧主義者になるな（物事が進まなくなる）

（A Festschrift in Honor of Toshio Narahashi, DVM, PhD）
　　楢橋敏夫獣医学博士に敬意を表しての記念誌より

　ここには、敏夫の飽くことなき真実の世界への追究の姿勢のエッセンスがよく示されている。日本人留学生に対して日本語の使用を禁じたという敏夫によるこの「マントラ」（ヒンドゥー教のまじないが原義）を正確に和訳することは難しいが、読者は敏夫の唱える11ヶ条のいくつかはきっと胸に応えるに違いない。文系研究者の寛治にとっては、最後の第11条がもっとも手厳しい批判として胸に刺さるものであることを告白しておこう。

なお、シンポジウムに同席した敏夫の妻京子に対しても、敏夫の後輩研究者からしばしば自宅に招かれパーティーをするなど細やかで心のこもった配慮を受けた思い出が披露されたが、彼女は翌 2014 年 12 月に敏夫の後を追うかのように亡くなった。

2. 楢橋敏夫先生を偲ぶ

中津川勉・西村到一郎

　日本農薬学会名誉会員、ノースウエスタン大学医学部薬理学科 John Evans 特任教授 楢橋敏夫先生は、平成 25 年 4 月 21 日、大腸癌のためにシカゴのご自宅で永眠されました（享年 86 歳）。訃報はシカゴの新聞に特報され、先生の世界的に高く評価されているご業績が讃えられました（ChicagoSun-Times 4 月 24 日、Chicago Tribune 4 月 26 日）。ご逝去の 1 ヶ月あまり前の 3 月 1 日には、先生を細胞神経薬理学の父と尊敬する研究者達がシカゴに集まって、先生の研究業績を讃えるシンポジウムを開催しました。当日、それにご出席された先生は、終始ご満足のご様子であったと漏れ承っております。殺虫剤の作用機構から始められた長い研究歴に終止符を打って研究室を閉じられ、あと 2 年でご退職の予定と先生ご自身から承っておりました。常にお元気でおられた先生が、闘病生活わずか 10 ヶ月で逝かれたのは信じられない思いで淋しさ一入であります。謹んで哀悼の意を表します。

　先生は 1927 年（昭和 2 年）に福岡県でお生まれになり、1948 年（昭和 23 年）には東京大学農学部獣医学科を卒業されました。先

ノースウエスタン大学での敏夫

生は同大学大学院生として、故山崎輝男助教授が担当された同大学農学科
害虫学研究室で、殺虫剤の作用機構の研究を始められました。それは、第
二次世界大戦が終わって3年も経たない時のことでした。鉄筋の三棟を除
いて木造建築はすべて空襲で焼け落ちていました。殆ど器具もなかった大
学では、手製のアンプや古いオッシログラフを用いてゼロから研究を始め
られました。そのような環境で開始した神経生理学の研究が如何に興奮に
充ち、世界に先駆けた論文の発表へと発展できたのかは、2005年に出版
された害虫学研究室五十年史の中で、先生ご自身がつぶさに回想しておら
れます。

　先生は1951年に助手に採用され、オッシログラフを使うために真っ暗
にした助手室で、一人で続けられた細胞内微小電極法によるご研究は、そ
の後のアメリカでの長い研究生活の基礎となったと言っておられました。
DDTやピレトリンの作用が活動電位に続く後電位を増大延長するためで
あること、DDTの効果と温度との負の相関の機構、ディルドリンやγ-BHC
の神経作用など、現在では教科書に書かれている一連の事実もこの頃のお
仕事からのものであります。そのようなご研究によって、東京大学からは
農学博士の学位を1960年に受けておられます。

　1961年には渡米されて、シカゴ大学医学部生理学科では博士研究員と
して、次いで翌年には助教授として、そしてその年の6月にはノースカロ
ライナ州のデューク大学医学部生理薬理学科助教授として研究されました。
1963年には東京大学の害虫学講座に復職されましたが、1965年に東京大
学を退職してデューク大学医学部生理薬理学科助教授に復職され、1967年
には準教授に、そして1969年には教授に昇任されました。1970年には同
学科薬理学部門長に、1973年には同学科副科長に就任され、同学科の運
営にも従事されました。

　1977年には、シカゴ市のノースウエスタン大学医学部薬理学科教授お
よび学科長に就任されました。先生は1982年には同大学医学部 Alfred

Newton Richards 特任教授に、1986 年には同じく John Evans 特任教授に就任されました。1994 年には薬理学科長の職務を後進に譲られ、その後は再び研究を中心としてご活躍されました。

先生からは、長い間に多くの研究者がご指導を受けています。東京大学での学部学生 43 人に始まり、米国で教えを受けた大学院生と博士研究員は、30 人あまりの日本人を含めて 100 人を数えます（デューク大学 35 人、ノースウエスタン大学 65 人）。彼らとの共同研究を含む研究成果は、原著論文（324 編）、分担執筆著書（148 編）および編集著書（11 編）などに報告されています。

楢橋先生の数多いお仕事のなかで最も反響の大きかったご発見は、ご自分でも仰っておられた通り、ふぐ毒の毒性成分であるテトロドトキシン（TTX）の作用機構の解明であります。TTX はナトリウムチャネルを選択的に塞ぎ、それがヒトを含む動物に麻痺を引き起こすことを明らかにされました。このご発見の発表 (Narahashi, Moore and Scott, *J. Gen. Physiol.* 1964, 47: 965-974) は、多くの研究者に非常に大きな反響を呼びました。これは、この論文が Current Contents の Citation Classic に選ばれたこと（引用数 630）でも明らかであります。これに関する楢橋先生ご自身のコメント（Current Contents 1984 年 7 月号）からは、二重螺旋の本にあるワトソンの話に似た興奮が感じられます。この実験は、デューク大学に楢橋先生を招聘するのに一役買った膜電位固定法の権威、同大学の生物物理学者モア教授と、クリスマスも大晦日も休日を返上して共同でなされました。これは、ワトソンが X 線回折分析の権威であった生物物理学者クリックと行った仕事を髣髴させる、白熱した学際研究のロマンと言えましょう。

これを遡ること約 10 年、先生は Hodgkin, Huxley and Katz の膜電位固定法を使った論文を読んで、この最先端技術の、ご自分の実験への応用の可能性をはっきりと認識したと書いておられます。その実験に向かって突き進まれたのは、カミソリといわれた楢橋先生の面目躍如の感があります。

楢橋先生ご自身が上でご紹介したコメントに書かれているように、TTX に関するこのご発見はその作用の特異性のために、ナトリウムチャネルの密度測定や単離、他のイオンチャネルの研究などを可能にしました。さらに、このご発見には、特異性の高い毒物が興奮性膜の研究に有用であることを初めて示したことにも大きな意義があります。1981 年には、モア教授と共にこの発見に始まる一連のご研究に対して、Cole Award in Membrane Biophysics が授与されました。先生はこのことを大変大きな誇りにしておられたことが Current Contents のコメントからうかがわれます。

　TTX に関する研究で始まったイオンチャネルレベルのご研究は各種の神経毒の作用機構の研究に大きく寄与し、ご自身も、多くの動植物の持つ毒素類、ピレスロイド、DDT や他の有機塩素系殺虫剤、局所麻酔薬などの作用にイオンチャネルが関わることを明らかにされました。特に、東京大学からシカゴ大学を経てデューク大学に移られてからは、膜電位固定法を積極的に採用されました。すでにご紹介した TTX に関するご研究ではロブスターの巨大神経軸索に二重ショ糖隔絶法を適用され、次いで、さらに詳細な解析が可能なヤリイカ巨大軸索への内部電極挿入法を適用されました。ノースウエスタン大学へ移られてからは培養細胞などを用いたパッチランプ法を採用して、イオンチャネルレベルの研究を一層深く追究されました。それにとどまらず、アセチルコリンや GABA 作働性受容体に対する、アルコールや麻酔薬を含む多くの神経毒の作用機構も解明されました。

　すでにご紹介した Cole Award の他にも、先生の長年にわたる研究業績を称えて、内外から数多くの学会賞が授与されております。日本応用動物昆虫学会賞（1955 年）に始まり、アメリカ化学会の Burdick & Jackson 農業研究国際賞（1989 年）、アメリカ毒理学会賞（1991 年）、アメリカ薬理学会賞（2000 年）、毒理学学術賞（2008 年）など、多数の賞が含まれております。

　まさに重鎮として学界をリードし続けられた先生ですが、研究室では論文の書き方や研究費申請の注意などから始まり、職探しのインタビューの心得などを懇切に教えられました。また学生や研究員の私生活にも細かく気を配られました。まだアメリカの生活に慣れていない外国からの留学生や研究者には、アパート探しからショッピングに至るまでの面倒をよく見られ、それには驚きと感謝の念を持ったと言う話は、先生を師と仰ぐ多くの人々の間で語り継がれています。筆者の西村もその一人であります。

　先生は自作装置の利点を盛んに強調されました。東京大学で電気生理学実験を開始された頃には市販装置はなくて、秋葉原から買ってきた部品で装置を作られたころからの哲学と思われます。西村もそのお蔭で、膜電位固定法の実験装置をノースウエスタン大学の研究室で自作させていただきました。その完成を楢橋先生にご報告すると、先生も「Great!」と言って大変喜んで下さいました。

　楢橋先生は63年の長きにわたるご研究で数多くの研究者を育てられ、繰り返し教科書を書き替えさせる大発見をされ、真に世界的と誰もが認める業績を残されました。あとに続く若い世代にとって、これ以上の励ましになるものは無いと思われます。敬意と感謝の念をこめて先生のご逝去を悼み、ご冥福をお祈りいたします。

〔この論考は、『日本農薬学会誌』第38巻第2号、2013年、241-242頁に掲載されたものである。楢橋敏夫の人となりと学問について的確で心のこもった追悼文を書いて下さったお二人に対して厚くお礼申し上げるとともに、転載の許可を与えられた日本薬理学会に感謝する。〕

3.　楢橋敏夫の講演「医学生物学の研究教育制度の改善」

ノースウエスタン大学医学部・楢橋敏夫

　日米の医学生物学の研究教育制度は全くといってよいほど違います。アメリカの制度を理解するためには、日本ではこうだからといった考え方を捨てて、白紙に帰って考えないと理解できないことが多々あります。アメリカに留学された方は沢山おられますが、大部分の方は研究が目的なので、制度について詳しく体験される機会はあまりないかと思います。私は約半世紀にわたってアメリカの 3 つの大学で研究教育に関わりました。Duke 大学医学部では数年間 Department management に携わり、また Northwestern 大学医学部の Pharmacology Department Chairman として 17 年間 Department の運営に携わりました。この間、アメリカの大学の制度を私なりに詳しく観察できたので、その経験を基にして論じたいと思います。読者の皆さんは日本の事情をよくご存知なので、主にアメリカの制度についてお話します。日米ともによい面も悪い面もありますが、どういう点がよいかは皆さんの判断にお任せしましょう。アメリカのよいところだけを日本の事情に合わせて取り入れることが大切です。

　まず日米の一番大きな違いの一つは、アメリカでは医師と研究者の養成が全く分かれていることでしょう。大学（4 年）を卒業してから、医師になりたい人は医学部へ、研究者を目指す人は大学院に入ります。医学部では 4 年で医学博士（MD）になり、そのあと residency（専門により 3-7 年）を経て一人前の医師になります。医学部学生のうちほんの数％ は MD-PhD candidate として両方の資格を取りますが少なくとも 7-8 年かかり、エリート中のエリートです。要するに医学部は本来医者を養成するところで研究者を養成するところではありません。

　さて研究者を目指す人は大学院に入りますが、一流大学の大学院は非常に狭き門です。たとえばノースウエスタン大学の医学部大学院にあるPhD プログラムのひとつ、Integrated Graduate Program in the Life Sciences（IGP）には毎年約 300 人の申込者がありますが、入れるのは 25 人前後です。ですから入ってくる学生はみなすばらしく頭のよい人ばかりです。頭がよいのは結構ですが、それと将来研究者として大成するかどうかは別問題です。最初の 1-2 年は講義などの詰め込み教育で、そのあと qualifying exam をかろうじてパスするとようやく PhD の実験が始まりますが、全部で平均 6 年かかります。もちろん 4 年位ですむ人もあります。グラントを持っている教授、準教授、助教授（後程申し上げるようにそれぞれ独立しています）を一括して principal investigator（PI）と呼んでいますが、一流大学の PhD コースでは学生は指導教官の PI のグラントから stipend（給料、～ $ 30,000/year）と tuition を全額払ってくれますので、文字通り一文無しでも PhD をとることができます。しかし教授（IP）にとっては大変な負担で、一人当たりポストドクに近いくらいの費用がかかります。ですから日本の研究室によく見られるように大学院学生を 10 人も入れることは普通は考えられません。

　大学院の選考基準をごく簡単に説明しましょう。申込書には、Grade Point Average（GPA, 学部での成績）、Graduate Record Exam Score（CRE, 大学院に入るための全国共通の試験）、なぜ大学院に入りたいかという essay、推薦状（日本と違って非常に大事です）などが含まれています。書類選考で約 300 人のうち約 80 人を選んで、費用を全額払って Interview に招待します。その結果約半数の 40-50 人に offer しますと、そのまた半数位が offer を accept します。残りの半分は他の大学にとられてしまいます。申込者の中から最も優れた未来の研究者を取るのは一流大学同士の激しい競争です。ですから interview といっても我々が学生を見るだけでなく、我々 faculty member もどんなにすぐれた大学院プログラムを offer 出来

るかについて interview されているようなものです。

　PhD をとったばかりでは研究者として独立するにはまだ十分でないので、他の大学で postdoctoral training を 4-8 年受けます。そのなかで優秀な人はどこかの大学の Assistant Professor になれますが、その position には普通 tenure がないので数年以内に自分の研究室を立ち上げて業績をあげ、教育もやり、また外からのグラントも取って大学に貢献しないと tenure/promotion の review で落とされて文字通り首になります。最近 tenure をとるのが難しくなってきました。

　グラントについて日本との大きな違いは、1 件あたりの額が多いことですが、70-80% は給料なのであまり使いではありません。教授（PI）の給料の一部も含まれています。NIH からの R01 グラント（個人が取れるもっとも普通のグラント）は direct cost として $150,000-250,000/year で、overhead として direct cost の約半分の indirect cost が経常費として大学に入ります。教授を除く研究室全員の給料がグラントから支払われていますので、グラントをなくすと教授以外の全員が首になり研究室は開店休業ということになります。ちなみに現在のところ 100 件のグラント proposalの中で fund されるのは 10 件前後で非常に深刻な問題です。グラントを失って教授独りになった研究室が増えています。

　日米の大学制度はその他いろいろな面でも違います。アメリカでは department chair の下で各 faculty member が ranking に関係なく、教授、準教授、助教授が並列に並んで皆それぞれ独立しています。つまり promotion/tenure が承認されるかどうかは、その人の業績しだいで他の faculty member とは関係なく、頭打ちということはありません。

　アメリカの大学では、department chair が非常に重要な役割を果たしています。大部分の医学部では、新しい chair を任命するときは新鮮なblood を入れるために例外はありますが外から雇うのが普通です。Chairは department 運営の 100% の責任と 95% の権限を与えられます。権限

が100％でない理由はfacultyを首にすることはできないからです。会社のCEOによる運営と違って、10数人から30人近くいる、しかもそれぞれ独立しているfaculty memberが100％の能力を発揮できるような下地を作ることが大切です。しかし運営がうまくいかなければ、学部長がすぐchairを首にします。学部長もdepartment chairと同じで、うまくいかなければ大学のprovost（academic部門の最高責任者、大学によって多少違います）が首にします。私の友人でdepartment chairを首になった人を何人も知っています。

アメリカの科学者のうち約45％は外国生まれです。日本でも最近外国人を受け入れる風潮が出てきたのは喜ばしい限りですが、言葉も含めて生活環境の違いなどから、優れた外国人をpermanent positionに受け入れるのは不可能ではないにしても難しいでしょう。

グラントや提出された論文の審査がいわゆるpeer review systemによって行われているのは、日米とも原則は同じですが、アメリカのほうがはるかに厳格です。グラントや論文だけでなく、tenure/promotion, department、学部などのreviewも定期的に他の大学からその道のエキスパートを招待して評価してもらうことも普通に行われています。要はどうやったらもっとも公平かつ正確な評価ができるかということでしょう。

ご承知のようにアメリカの大学には講座制度はありません。Departmentをどのような方向に発展させるかは一途にchairの腕にかかっています。Faculty memberとよく相談して決める人もありますし、自分で勝手に決める人もあります。肝心なのはdepartmentがよい方向に発展するようにfaculty memberをencourageすることでしょう。誰かがやめるとその研究室は文字通り消滅し、後をどうするかはchairしだいです。これはdepartmentにquantum leapをもたらし、新しい方向に発展させるよい機会ではあります。このような制度は時流に沿った発展を速やかにもたらすために優れたものと言えるでしょう。

〔この論考は、2010 年 5 月 13 日に島根大学において行われた講演「日米の
教育研究制度の比較」を、改題の上、『日本生理学雑誌』第 74 巻第 1 号、
2012 年、15-17 頁の「教育のページ」に掲載したものである。転載の許可
を与えられた日本生理学会編集・広報委員会に感謝する。〕

長男・石井（楢橋）敏夫の略年表

1927	1.30	石井浅八・糸子の長男として出生
1939	3.31	東調布第二尋常小学校卒業（第 11 回）
	4. 1	府立第八中学校入学
1943	4. 1	府立高校理科二類入学
1945	4. 1	東京帝国大学農学部獣医学科入学
1948	3.31	東京帝国大学農学部畜産学科卒業
	4.16	世田谷区立玉川中学校教諭
1951	4. 1	東京大学農学部助手
1955	-. -	日本応用動物昆虫学会賞受賞
1956	5. -	楢橋京子と結婚、楢橋姓に変わる
1959	1.20	妻京子、長女圭子を出産
1960	-. -	東京大学より農学博士（DVM, 獣医学博士）学位授与
1961	-. -	米国シカゴ大学医学部生理学科にて博士研究員
1962	1. 3	妻京子、長男太郎を出産
	6. -	米国デューク大学医学部生理薬理学科助教授
1969	-. -	同大学医学部生理薬理学科教授
1977	-. -	米国ノースウエスタン大学医学部薬理学科教授・学科長（94 年まで）
1981	-. -	Cole Award in Membrane Biophysics を受賞
1989	-. -	米国化学会農業研究国際賞受賞
1991	-. -	アメリカ毒理学会賞受賞
2000	-. -	アメリカ薬理学会賞受賞
2008	-. -	毒理学学術賞受賞
2013	4.21	シカゴにて死去（86 歳）
2014	12. 2	妻京子、シカゴにて死去（86 歳）

第6章　次男・石井久雄
——宗教者志望から経済人としての活躍へ

1.　進路についての試行錯誤と田園調布石井宅の継承

石井　寛治

キリスト教牧師の志望とその挫折

　石井家の7人の子どもたちは、小さい頃からお互いの名前をしばしば圧縮し、それに「ちゃん」を付けて呼びあっており、周りの人びともその真似をしていた。敏夫はトンちゃんであり、以下、久雄（ヒサオちゃん）、康雄（ヤッちゃん）、弘子（ヒロコちゃん）、寛治（カンちゃん）、章雄（キーちゃん）、義脩（チマちゃん）という具合である。その中で、圧縮しない呼び方が久雄と弘子であり、女性の弘子は別格とすると、次男の久雄だけが例外的に圧縮しないで呼ばれた。ヒサちゃんとかヒーちゃんでは、ちょっと面白みがなく、チャホちゃんという言い方もあったが、あまり広がらなかった。実は表立ってではないが、久雄に対しては別のあだ名が使われていた。それは現代では差別用語として禁止される「チビないしチビ公」というあだ名である。次男の久雄は長男敏夫や三男康雄に比べてやや背が低く体つきが小さかったので、そういう呼び方をしたらしい。もっとも、当時でも「チビ」というのを同輩や後輩が使うと「蔑称」のニュアンスになったから、実際に使ったのは長男の敏夫だけだったようである。例えば昆虫採集に行く時には、先に行く敏夫が「おい、チビ公、その捕虫網を持

ってついてこい！」と命令し、久雄は「はい！」と言って喜んで従ってい
ったというから、それは「愛称」の響きをもって使われたのであろう。弟
たちはそうした情景を目にしながら、自分たちは「ヒサオちゃん」という
正規の呼び方をしていた記憶がある。

　久雄は身体が小さかったが、少し歳の離れた弟妹に対しては威厳があり、
親切であった。8歳離れた寛治などからみると、久雄はゴム紐動力の飛行
機の模型づくりの天才であり、久雄がわが家の2階から飛ばすと遠くの方
まで飛んだため、尊敬の対象であった。四国への縁故疎開の時は、父浅八
と長男敏夫は東京に留まったので、母の糸子を支えたのは次男久雄であっ
た。以後、戦後にかけて四国や九州の父母の実家と連絡・交渉が必要な時
には、まだ若い久雄がわが家を代表して汽車で出かけたため、われわれは
久雄を「わが家の外交官」と呼んでいた。

　その久雄が、どのような経緯でプロテスタントのキリスト教の牧師を志
し、東京神学大学に入ったかはよくわからない。敗戦後の混乱期の文系世
界を生きる真面目な若者にとって、キリスト教とマルクス主義は、正面か
らぶつかって自分の生き方を考えねばならない最大の対象であり、その点
は四男の寛治にとっても同様であった（第2部第9章）。青山学院中学部宗
教主任の辻牧師から影響を受けた久雄は、石井家で真っ先にキリスト教の
洗礼を受け、田園調布教会で神学生としての奉仕を熱心に行った。寛治の
妻となる大竹摩耶子などは、日曜学校小学科の主任であった生真面目な石
井久雄先生のことを尊敬のまなざしで見ていたという。ところが、神学大
学の卒業間際になって、久雄は突然大学を退学した。その理由については、
第1部第3章で見たような父浅八による牧師稼業への猛反対が挙げられる
が、それは久雄にとって先刻承知のことであり、決定的な理由とは言えな
い。私見では、当時の石井家の生計の苦しさに対する次男久雄の責任感が、
父親の反対を押し切っての「家出」を躊躇させたのではないかと思われる。
家族の困窮を見捨ててでも聖職の途を歩むことは、久雄の生来のやさしさ

と責任感の許すところではなかったのではあるまいか。

挫折を乗り越えて歩むモーレツ社員の途

　次男の久雄は、入社した日本電信電話公社では、その生真面目さから模範的な社員として大いに働いた。四男の寛治は大学教員として夜遅くまで自宅で仕事をするが、ある日の夜の10時過ぎであったか、たまたま兄の久雄から電話がかかってきたので、どこにいるのかと訊くと、いつものように夕食を済ませてから会社に戻って仕事中だという。大学の生物系の実験室などでは泊まり込みで仕事をするのが当たり前だが、会社の文科系の仕事にもそれに近い仕事があるのかと驚いた。日本電信電話公社の民営化は、久雄のようなモーレツ社員を多数生み出したのであろう。

　久雄の仕事は1970年代には、データ通信部第三部の業務課長という重要なポストになり、80年代には株式会社リクルートに出向し、1992年には同社情報ネットワーク事業部門で情報通信システム担当部長に就くまでになったが、例のリクルート事件の渦に巻き込まれ苦労を重ねた。久雄自身は贈収賄の罪に問われなかったが、NTTの真藤恒会長や式場英取締役のために証

左後方が久雄。日本電信電話公社時代の同僚と撮った写真と思われる。

言する立場に置かれたのである。

　同僚でもあった久雄の妻エミ子との間には、宏道（1961.2.2）と昌道（1967.3.31）が生まれたが、エミ子がしばらく電信電話公社の仕事を続けたため、祖母の糸子が育児を助けることになった。例えば1962年12月12日の糸子の日記には、「夕方宏道発熱、柳沢先生に往診を頼むとすぐ来て下さった。肺炎になりそうな危険もあるので、ペニシリン注射をなさった。宏道診察の時も泣かず、注射の時も痛いので真赤にいきんでいたが、泣かずに『ヨイショ』と自分でかけ声をかけるので大笑い、先生にほめられた」と満2歳にもならぬ宏道の可愛らしい頑張りが記録されている。幸い、翌日には体温も平熱に戻った。こうして宏道は、7歳にもなっても「おばあちゃん子」として糸子を悩ませることがあった。1968年5月3日の日記の一節を引用すると、「ゆっくり寝ていようと思ったのに八時頃もう宏道が上がって来る。〔学校が〕休みだから朝食は二階で食べるのだと云う。下で食べてお出でと云うとすねて階段の途中ですわりこみをはじめるので、とうとう起きて支度をして食べさせた」といった調子である。このように孫の育児の一部を祖母の糸子が手伝わねばならなかったのは、第1部第4章で指摘したような石井宅の新築のためにエミ子が働く必要があったためであり、敏夫がアメリカに去ったあとの石井家は、次男の久雄・エミ子夫妻が母糸子の協力を受けながら継承し、維持することになったのである。

　身体は小さかった久雄は意外と頑健であり、父浅八（65歳没）、母糸子（64歳）はもちろん、敏夫（86歳）や京子（85歳）、康雄（85歳）を抜いて長生きしている。電電公社退職後は茶道の師匠を補佐しつつ元気に生きているかに見えた妻エミ子（87歳）に、突然先立たれたのは予想外であったが、そのショックを乗り越えて、この原稿執筆時点（2020.6.1）においても満90歳と石井家の長寿記録を更新中である。次節は長男宏道の回顧による父久雄の人生行路である。

2.　電電公社・NTT とリクルート社での久雄の仕事ぶり

石井　宏道

父久雄に代わっての執筆

　本書への執筆を寛治叔父から依頼されたのは、新型コロナウイルスの感染拡大の渦中にあった 2020 年 5 月初めのことであった。本来ならば、父久雄が執筆するのが筋であるが、90 歳の父は介護老人ホームに入居中で、コロナウイルス蔓延のため 2 月下旬より親族さえも面会できない状態が続いている。そうした状況を踏まえて、久雄の長男である私、宏道が、父から聴き及んだ物語と、祖母糸子との思い出、叔父たちとの暮らしぶりなどを、自分なりの視点から自由に書かせていただくことにする。この原稿が紙媒体となり、製本されれば永く後世に伝わるはずであり、それは石井家の DNA を引き継いだ孫、ひ孫、玄孫へと伝わっていくだろう。彼らのルーツである父が育った田園調布という、ある意味で特殊な環境は、どのような場所だったのか、叔父たちが見たものと異なる角度から、1960 年代から 1970 年代にかけての記憶を辿っていくことにしよう。

田園調布の石井宅と隣りの人々

　石積みの門柱をすり抜け、二段三段と階段を降りると、縦格子が美しい横引きの玄関がある。洗い出しの玄関を入るとすぐ脇に祖父浅八の愛用だった書棚が置いてあった。沓脱ぎ石から上がると黒光りする長廊下が左右に広がっていた。日本家屋特有の心地よい暗さの空間だ。すぐ右手の北側に四畳半ほどの「女中」部屋があった。左手に進むと皆が食事をする居間と台所がある。その脇には勝手口があり、夕刻には酒屋や米屋の御用聞き

2015年6月29日、石井家の墓を春秋苑へ移したさいの同苑での食事の写真。右からエミ子、久雄の夫婦、その長男の宏道、久雄の弟寛治。

の声が響いた。1階と2階にそれぞれある八畳と六畳の和室の一方には、立派な床の間があり、掛け軸が飾られていた。各階の広縁からは、庭を眺めることができる。庭にはよく手入れされた赤松が2本あり、隣との境にも大きな木があって、枝を伸ばしていた。秋にはその実をついばみに無数のオナガドリが群がっていた。春には隣家から大きくせり出した八重桜が望めた。斜面を整地して建つ石井宅の下の庭には渋柿の木と桃の木が1本ずつあり、そこにはコンクリート製の防火用水と斜面に掘られた防空壕が戦争の証であるかのように残っていた。1960年代の田園調布は、まだ緑が多く、隣との境も四ツ目垣で仕切られているだけであった。一見純日本家屋に見える石井宅の1階には、一間だけ洋式の立派な応接間があった。フローリングにアールを描いた出窓、窓枠は白いペンキで縁取られていた。そこは、父久雄と母エミ子、そして1961年生まれの私の3人が暮らす部

屋となっていた。

　隣家のことも紹介しておこう。すぐ東隣は坂本家。広めの敷地の林のな
かに、ヨーロッパの田舎町にありそうな趣きある洋館が建っていた。主人
の坂本直道は、坂本龍馬の甥、直寛の長男で、1941 年に龍馬家の家督を
継いだ。直道は、1920 年に東京帝国大学を卒業後、満鉄参事、パリ支局
長などを務め、滞仏は 11 年に及び、1933 年に松岡洋右が国際連盟を脱退
した時に、通訳として同行している。開戦前夜の 1940 年に、フランスに
いては危険だと、友人の石橋湛山が田園調布の家を用意したという。子ど
もの頃何度かお邪魔したことがあるが、満寿夫人は常にロングドレスを身
にまとい、靴のまま生活していた。玄関を入るとすぐ右手にモーリス・ユ
トリロの原画が飾ってあった。パリからたくさんの絵画を持ち帰ったが、
戦後、吉田茂たちとの戦後復興の活動に、絵画のほとんどを売って資金に
充てたという。幾度となく政界入りを求められたが全て断り、晩年までこ
の田園調布の館で余生を送った。そんな彼に 1969 年、音楽プロデューサー
の男性がひとりの若き女性新人歌手を連れて坂本家を訪れた。坂本龍馬に
傾倒していた男性は、直道に新人歌手の命名を頼んだのである。直道は、
わずか 1 か月半で亡くなった長男、直巨（なおみ）の名を与え、ここに歌手「ちあき
なおみ」が誕生した。私は、年老いた直道しか知らないが、武士の DNA
が受け継がれていたのだろう、目はらんらんと輝き、子どもながらに近寄
りがたい存在であった。

　裏のお隣は、馬場さんのお宅。主人は腕のよい外科医で、田宮二郎の演
じる「白い巨塔」の手術シーンの手捌きは、馬場医師のものだったそうだ。
正面のお宅は、三島さん。戦後、貴族制度廃止で平民となった元男爵である。

祖母に連れられて幼稚園へ通い、小学生となった宏道

　先に述べたように、私は、石井浅八・糸子の孫たちの中で、ただひとり、
田園調布の初代石井宅で育った。1961 年 2 月 2 日に、五反田にある逓信

病院（現・NTT東日本関東病院）で産声を上げた私は、初代石井宅（その後2回建て替え）において、石井久雄・エミ子の両親に加え、祖母糸子、康雄叔父、寛治叔父、章雄叔父、義脩叔父と8人で住むことになった。

　私が幼い頃は、母エミ子はまだ働きに出ており、祖母糸子が育児を担当した。祖母が熱心なクリスチャンだったため、私は物心ついた頃から、食前と就寝前のお祈りは欠かさなかった。田園調布教会の附属幼稚園には、いつも祖母に手を引かれて通った。幼稚園の帰り道によく出会う初老の紳士がいた。犬の散歩中のその男性と会うと、祖母の長い立ち話が始まる。私はその男性に頭を撫でられ、「お孫さんは会うたびに大きくなられる」と言われたのを覚えている。その男性は、わが家の家主である作家の石坂洋次郎氏であった。私は、祖母に可愛がられたため、わがまましし放題であったようだ。博多に里帰りする祖母を東京駅まで見送りに行ったときには、「一緒に行きたい！」と、夜行の寝台列車あさかぜの横で座り込み、大泣きに泣いたことが忘れられない。

　小学生の頃の思い出をひとつ。田園調布にはたくさんのアメリカ人が暮らしており、私と同世代の子どもも多かった。その子どもたちは、アメリカンスクールに通っていたが、段々と私たちとも一緒に遊ぶようになった。戦争ごっこをしたり、自転車で追いかけっこをしたり、子どもには言語の壁などなきに等しかったのだ。そんな楽しい日々は、ある日を境に終わりを迎えた。1972年5月15日、沖縄返還の日を境に、アメリカ人の子どもたちは、1人、2人と帰国してしまった。彼・彼女らは、米軍将校の家族だったのだ。東京の下町は空襲で焼き払われたが、城南地区は米軍の居住地として温存され、田園調布の焼け残った洋館の多くが接収されたのだ。日本は戦争に負けたのだ、ということを、少しだけ大人になった頃、理解した。

一緒に暮らした叔父たちの思い出と祖母との別れ

　私が、目指していた芸術の途を捨てて、音楽業界に興味をもつようになったのは、学生時代に通いつめたディスコティークの洗礼を受けたためであることは間違いないが、それ以前に祖母と通った田園調布教会の讃美歌と、石井家にあったピアノを奏でる康雄叔父の影響も大きかった。小さな手で鍵盤を叩いた頃の写真が残されている。三つ子の魂百までというが、とっくに音楽業界から離れた今でも、4,000枚を超えるヴァイナルレコード（ガラージ・ミュージック、1977-87年にニューヨーククイーンズストリートで、パラダイス・ガレージという名のディスコの伝説的なDJラリー・レヴァンがかけた音楽）を所有している。

　東京大学経済学部の大学院生であった寛治叔父を朝、起こすのは決まって宏道の役目であった。2階に駆け上がり、寝ている彼の布団にダイブする。いま何時であるかに関係なく、「カンちゃん9時」というのが宏道の決まり文句であったという。夕食時は叔父の膝の中に入り込み、色んな質問をするのが日課であった。地球は丸いと言う叔父に、ではなぜ人は落ちないのかと質問すると、地球には重力があることをわずか4歳の宏道に得々と説明してくれた。

　章雄叔父とのエピソードとしてはっきりと記憶に刻み込まれた日がある。夜半から降り出した雪は朝になっても降りつづいていた。小学校は3時間目で休校になり、帰る頃には校庭に大きなかまくらができていた。夕食後、章雄叔父が、面白いことをしようと言って、愛用のスキー板を担ぎだした。外に出ると子どもの自分のひざ下まで雪に埋もれるほどで、シーンと音のない世界が広がっていた。「見ていてご覧！」と言った叔父は、石井家の脇の「急坂」の頂上に立ち、「まさか！」と思った瞬間、雪煙を上げてまっしぐらに滑り降りていった。スポーツマンの章雄叔父らしい出来事であった。東京地方の積雪1日あたり33センチメートルという、この1969年

3月12日の観測史上の記録は未だに破られていない。

　義脩叔父は、小山台高校を卒業して東京大学を目指し、猛勉強中であったのだろう、いつも机に向かって字を書いているので、「ジージー」と呼んでいたほどだ。六男の義脩叔父と長男の敏夫叔父は17歳の差がある。そして義脩叔父と自分も17歳の差だ。まるで兄弟のように育ったと言ってもおかしくないくらいの年齢差であった。

　このような、さまざまな思い出を残して、叔父たちは石井家からそれぞれ旅立った。その後間もなく、気管支と心臓性の喘息持ちの祖母糸子が帰らぬ人となった。祖母が召された夜、彼女が私の枕元に立ち「天国に行くからね」と告げる夢を見た。朝起きて、母に祖母が亡くなったのか、と尋ねると、どうしてわかったのかと不思議がられたことを覚えている。

父久雄の幼少年時代の生活の聞き書き

　ここからは、父久雄について、かつての会話の記憶を辿りながら、書き進めることとしよう。寛治叔父による本章第1節のイントロダクションにも書かれている通り、久雄はいわゆる「モーレツ社員」のひとりだったのであろう。1960年代から80年代にかけての日本経済は高度成長期から安定成長期を経て急成長をとげており、長時間労働が当たり前とされていたためか、幼い頃の私には、家に父がいた記憶があまりない。朝早く出ていき、夜は終電、もしくはタクシーで帰宅することの繰り返しであったため、父が現役の時期には、会話した記憶がほとんどない。よく話をするようになったのは、父がすべての仕事から解放され、隠居生活に入ってからである。以下、父から聞いた若い頃のエピソードのいくつかを述べていこう。

　父から聞いた幼い日の思い出のなかに、友人の住んでいた大きな洋館の話がある。彼の家で隠れんぼをすると、夕方まで見つからない友人がたくさんいたというのである。なんとその洋館には40以上もの部屋があったらしい。戦前の日本には公然たる階級制度があり、本当に裕福な資産家と

いう人々がいたのであろう。

　敏夫叔父や父久雄の幼少時代には、石井家は祖父浅八の逓信官僚としての高い給料に加えて祖母糸子の実家である博多のアサヒ屋からの仕送りもあり、経済的には恵まれていたようである。父の話によると、敏夫兄とともに、ことあるごとに目黒雅叙園に食事に行っていたという。しかも、料理は中華のフルコースである。料理のはじめに必ず前菜としてスイカの種を炒ったものが出たという。当時は珍しいものだったのであろう。目黒雅叙園は1931年に石川県出身の細川力蔵が開業した日本最初の総合結婚式場である。中華料理の回転テーブルは雅叙園ではじまり、戦後、働いていた中国人が本国に持ち帰って広がったと言われている（アメリカのレイジー・スーザンとはルーツが異なる）。この細川力蔵の孫にあたる細川健司（父親の力安は当時の雅叙園社長）は、宏道の幼なじみである。

　父久雄は幼い頃、祖母糸子に連れられて幾度か青山霊園に墓参りに行った。アサヒビール100年沿革史によると、それは糸子の父宮内福蔵の墓だったようである。久雄の記憶によれば、福蔵は1852年（嘉永5）に江戸四ツ谷忍町で生まれ、1919年（大正8）7月に東京の病院で癌のため他界したと記録されていたようであるが、死去した場所は博多のアサヒ屋であり、この点は、第1部第1章に詳しい。

　父久雄は、1942年4月に青山学院中学部に進学したが、この年6月にはミッドウェイ海戦において日本海軍は主力空母4隻を一挙に失った。同年夏休みに青山学院と慶應義塾の中学生はある場所に集められて、炎天の下、戦闘機を迷彩カラーに塗る作業を命じられたが大変な重労働で閉口したという。軍の指揮官からは、貴様たちの通う学校は、英語教育をし、米英人教師までいてけしからんと言われたようである。

　高等部に入ると、父の飛行機に対する憧れは具体的なものになっていく。青山学院のグライダー部に入ったのである。父の口癖は、グライダーに比べればジャンボジェット機の操縦などは簡単だというものであった。グラ

イダー部の滑走路は、多摩川の河川敷にあったそうである。

電電公社・NTT での仕事からリクルート社への出向へ

　父から聞かされる回顧談は、いつもこの箇所までで終わっている。寛治叔父が本章第1節で書かれたように、東京神学大学を辞めて日本電信電話公社へ入社する経緯は、ほとんど彼の口から聞いたことがない。

　父は電電公社入社後は、寝る間も惜しんで働いた。宏道が小学校に上がる 1967 年頃になると、さらに激務になっていった。その頃、石井家には家屋の建て替えの資金が必要になっていた。台風がやってくると、広縁の天井のいたるところから雨漏りがした。父には渡米した敏夫に代わり、石井家の主人として石井宅を守っていくという使命感もあったのだろう。やっとの思いで、1968 年には、2 代目の石井宅が完成した。この間の事情については、第 1 部第 4 章である程度触れられている。久雄の背中には、住宅ローンが重くのしかかったであろう。

　その後、父の仕事は順調だったようだ。品川大崎の電話局にいる頃は、得意先のソニーに通うさいに、創業者の井深大氏とも何度か会ったと語っていた。

　名古屋での単身赴任の仕事を経て、東京に戻ってきた父が、株式会社リクルートへの出向を命じられたのは 1986 年頃ではなかったかと思う。バブル景気が産声を上げはじめた時期に、江副浩正氏の率いるリクルート社は、飛ぶ鳥を落とす勢いだった。父もショルダー型セルフォンを武器に、毎日のように飛行機あるいはヘリコプターで、日本各地を飛び回っていた。「今日のパイロットは下手くそだった！」。たまに顔を合わせる父との会話は、このような短いやりとりだった。

　そして、突然、その日がやってきた。1988 年の暮れだったろうか、夜11 時を回った頃、わが家の電話がけたたましく鳴り響いた。先程口喧嘩をして切ったばかりの女友達からの電話だろうと不愛想に受話器をとった。

「東京地検特捜部です。石井久雄さん、お願いします」と、高圧的で冷淡な声だった。「まだ帰っておりませんが、戻りましたらかけ直しますか」と答えると、「いや、結構です」と、電話はガチャンと切れた。夜半に帰ってきた父にその旨を告げたが、父は顔色ひとつ変えなかった。理由も一切語らなかった。これが、第二次世界大戦以来最大の企業犯罪とされるリクルート事件の序章であった。

　その日以来、父は、東京地検特捜部の厳しい尋問に耐える日々が続くことになる。後で父が語ってくれた取り調べの模様を記そう。検察官Ｓ氏に対し、父は、取り調べ初日、朝６時から夕方６時まで、黙秘を貫いたそうだ。検察官も無言！　隣の部屋からは机を叩く音や、怒号が聞こえてきたという。異様な雰囲気の中、その日は終わった。

　２日目。お昼頃まで昨日と同じような重苦しい空気に支配されていた。そこに突然壁伝いにゴキブリが現れたので、父が持っていた書類で叩き落とした。それをきっかけに、その場の空気が一変し、お互い少しずつ打ち解けていったという。検察官も人の子なのだ。数か月の特捜部通いで、すっかり父も空気に慣れたのか、「東京地検の地下の藪蕎麦はなかなか美味しい！」などと言いながら、出掛けていくようになった。普通の人間なら、精神的に参ってしまうだろうが、父はどのような育ち方をしたのか、少々浮世離れしたところがあるのが幸いしたようだ。

　1989年２月、NTT取締役の長谷川寿彦、式場英両氏が逮捕され、マスコミは朝から晩までリクルート事件を取り上げた。その日は、何気なく、久米宏氏がキャスターを務める『ニュースステーション』を見ていたら、「本日、リクルート事件の証人喚問が始まりました。証人に立ったのは、NTTよりリクルートに出向していた石井久雄氏です」とあるではないか。夜遅く帰ってきた父に尋ねると、裁判所においてNTTの真藤恒会長や式場英取締役の証人に立つのだと言っていた。

　父は、その後、式場英氏に誘われて新橋の雑居ビルにオフィスを構える

ベスコムシステムズ株式会社を立ち上げた。同社は、企業向けにスーパーコンピュータなどをリースする会社である。最初のうち会社は順調に運営されていたが、突然、式場氏が駅のホームで倒れ、帰らぬ人となった。その後、父が代表取締役社長になったが、私の知らないうちに会社を整理してしまった。欲がないというのか、それとも駆け引きが上手でないのか、いずれにしろ、それが父のよさかもしれない。以後、父は、静かな隠居生活を楽しんで、今日に至っている。

石井宏道の仕事と祖父浅八との繋がり

　最後に、私事で恐縮だが、自分と石井家の人々に関わるひとつのエピソードを記しておきたい。1979年に、付属高校に通っていたにもかかわらず、日大芸術学部の入試に失敗した宏道は、自由が丘の美術研究所に籍を置き、その後吉祥寺の研究所に移り、一時は武蔵野美術大学に籍を置くが、いずれも身が入らず、無駄に4年間を過ごしてしまった。そんな中、アルバイトを通じてコネを作った青山一丁目のボディソニック株式会社に新卒扱いで就職できた。1983年のことである。同社は、パイオニアの松本望会長が設立した小さな音響メーカーで、会長の娘婿である山田恭太が社長であった。低音に合わせて振動を作りだす体感音響システムで、伝説のジュリアナ東京にボディソニック音響システムが導入された。1989年には東証2部に上場するが、バブル崩壊とともに会社は衰退していった。1990年、宏道は結婚とともに同社を退社することにし、石井家の資料を整理していたところ、1946年3月10日に、全国36社の部品業者が日本ラジオ工業組合を結成した記録を発見した。そこには理事長として石井浅八の名前とともに理事として松本望の名前があるではないか。戦争直後の通信業界については第1部第3章で述べたように、パイオニアのような中小零細企業が乱立していたため、戦時中の電気機械統制会の流れを汲む石井浅八のような人物が理事長として働く余地があり、松本望と石井浅八と

の出会いが一時的ではあれ存在したのである。

　さて、時を経た2008年、石井宅は再度の建て替えを実行した。同時に、長年にわたっての借地を買い取る交渉も進めた。地主の落合家が事業に行き詰まり、買収してほしいとの申し出があったからである。長年そのタイミングを待っていた父に勝算があったということかもしれない。70歳台後半の久雄・エミ子の最後の大仕事であった。叔父や叔母が生まれ育ったこの場所を、石井家の本家の長男として、今後とも末永く守っていく所存である。

次男・石井久雄の略年表

1929	9. 9	石井浅八・糸子の次男として出生
1942	3.31	東調布第二尋常小学校卒業（第14回）
	4. 1	青山学院中学部入学
1945	4.26	香川県へ縁故疎開
	10. -	疎開先から田園調布の自宅へ戻る
1946	-. -	キリスト教の受洗
1949	4. 1	東京神学大学入学
1953	-. -	東京神学大学退学
1956	5.21	電電公社正社員
1958	11. 8	栄エミ子と結婚
1961	2. 2	妻エミ子、長男宏道出産
1966	6.24	住居建て替えの相談
1967	3.31	妻エミ子、次男昌道出産
1986	-. -	この頃、ＮＴＴからリクルート社へ出向
1989	2. -	リクルート事件の証人に立つ
1992	-. -	リクルート社情報通信システム担当部長
1997	-. -	トリヤス・ネットワーク・システム代表取締役
1999	-. -	ベスコムシステムズ株式会社取締役
2000	-. -	株式会社サイバーテクノ取締役
2016	6.14	妻エミ子、死去（87歳）

第7章　三男・石井康雄
——電電公社の民営化の立役者としての活動

1.　公社民営化の先を生きた「自由人」康雄の生涯

石井　寛治

七年制の東京高校の自由な精神を満喫

　1946年3月に東調布第二尋常小学校を卒業した三男康雄は、七年制の東京高等学校に進んだ。同校の狭き門を突破した康雄の学力が並々ならぬものであることは言うまでもないが、集団疎開・縁故疎開と敗戦後の混乱の中で、康雄がどのようにして学力を養ったかは明らかでない。ただ、普段から康雄の理解力・判断力がずば抜けたものだったことは、石井家の子どもたちは皆認めており、次男久雄に言わせると、兄弟で知能テストをやれば康雄が一番だろうということであった。筆者も同意見であるが、同時に、研究者となった長男敏夫の、知能テストや学業成績の優劣と研究者としての優劣は全く関係ないとする意見にも賛成である。研究者としてもっとも必要なのは、自

敗戦直後の田園調布の石井宅で撮影。後ろが三男康雄と長女弘子。手前が五男章雄と四男寛治。

三男の康雄。学生時代と思われる

然や人間の世界に関する迅速だが表面的な理解力ではなく、時間をかけて事柄の内部構造をじっくりと観察し、全体的かつ論理的に真実を把握しようとする分析力だからである。

　康雄の高校生活は、同校の自由闊達な校風の中で、楽しいものだった。例えば、康雄の昆虫採集の趣味は徹底しており、とくに様々な珍しい蝶の収集は見事なものであった。康雄の学友たちが田園調布の石井宅を康雄の蝶の標本を見ようとわざわざ訪ねてきたのを覚えているが、その中には後に東大経済学部で寛治の同僚となる竹内啓氏も混じっていた。もっとも康雄の昆虫採集は敏夫のように理系研究者の途と繋がることはなかった。康雄の音楽趣味も徹底しており、高校時代に覚えたフルートの演奏はなかなか上手で、玄関わきの四畳半に勉強机を並べていた寛治は、疲れた時には康雄のフルートの音色を聞かせてもらうのが一番の気分転換となった。運動も好きで、高校では卓球の選手として活躍していたようである。高校生活を少し手広く楽しみすぎたせいか、東京大学への入学試験では一浪したが、1953年３月には文科一類に合格、法学部に進学する。大学時代の康雄は、持ち前の器用さで覚えた速記術で講義ノートをとって試験に備えつつ、浮かせた時間は青塔会という小学校の同窓会の活動を楽しんでいた。なかでも、日産自動車の重役大竹正太郎家の７人の兄弟姉妹とは大の仲良しであった。糸子の日記には小学校の創立二十九周年記念音楽会での六男義脩の楽器演奏を聴きにいったところ、「康雄が昨夜とうとう帰って来なかったので、多分大竹さんの御宅で泊ったのだらうと思っていると、大竹さんの

四郎さん五郎さん小堀さんと、のこのこ招待席に現はれた」(1954.11.22)
と呆れ気味に記している。仕事と遊びをともに重視する康雄のルネッサン
ス型ともいうべき生活スタイルは、大学時代までに確立していたのである。

　青塔会の友人は、康雄の「自由時間」にとって欠かすことのできない親
友であった。『日本経済新聞』の「交遊抄」(1997.7.25) に康雄みずから「青
塔会」の仲間について書いている。『糸子日記』にも出てくる「大竹四郎
君は……がっしりした体格と陽気な性格が印象的な男で、鹿島に入り
TQC 運動に身をささげた。私が日本電信電話の東海支社長だったころ社
員向けの TQC の講演をよく頼んだものだ。数年前にくも膜下出血で突然
倒れ、そのまま帰らぬ人となった。……日本生命から日独の親ぼく団体で
ある日本カール・デュイスベルク協会に出向した小堀寛君もユニーク。引
退して奈良で俳句ざんまいの生活を送っているが、89 年にベルリンの壁
が崩壊した時にはわざわざ出掛けて破片を拾ってきた。ガラス細工の制作
にも凝るなど、ひとつの殻に収まらないないタイプである。日本放送協会
（NHK）の記者を経て、NHK 共済会の理事長を務めた前島達治郎さんは二
年先輩だが、あまり年の差を感じさせない。豊富な知識や鋭い視点にはい
つも感心させられている」と懐かし気に記している。冒頭の大竹四郎さん
は絵を描くのが上手で、公私の仕事の傍ら田園調布の風景を好んで描いて
おられたのを寛治も覚えている。康雄が、「仕事人間」石井家の子どもた
ちの中で、ひとり「自由人」の風格を持つに至ったのは、青塔会という（前
身の東調布第二尋常小学校を含む）田園調布小学校の同窓会の仲間との独特
な交流が影響しているように思えてならない。

電電公社民営化の未来を先取りした働き方

　1957 年 4 月に日本電信電話公社に就職した康雄は、1962 年に 6 歳年下
の前川冨久と結婚し、翌年には長女真理を授かった。公社時代の康雄は初
めのうちは東京本社勤めが多かったが、1966-67 年の北海道電気通信局勤

務、1972-74 年の東北電気通信局勤務、1978-80 年の香川電気通信部長、1981-82 年の九州電気通信局副局長と、地方に出ることもあり、ポストも順調に上がっていった。この間、電信電話公社の民営化の準備が、1981 年就任の真藤恒（1910-2003）総裁の手によって進められるとともに、85 年からは真藤みずからが就任した初代 NTT 社長によって民営化の内実を固める作業が一斉に進行した。康雄は、1983 年に公社総裁室企画室次長に抜擢され、86 年からは NTT 取締役兼東海総支社長として活躍した。石川島播磨重工の社長として民間経済の経験を積んだ真藤恒が、電信電話公社の最後の総裁として乗り込んで公社の実態を知り尽くした上で、NTT の民営化の指揮を執ったことは、後の郵政民営化と違い、電気通信事業の民営化を成功させる決定的要因となった。康雄は、「ミスター合理化」の異名をもつ真藤の民営化の意気込みを具体化させるべく奮闘した。役員会議で民営化を遅らせたり阻止したりする提案がなされると、司会者の康雄はテーブルをドスンと叩いて、「そんなことで民営化ができると思うな」と怒鳴りつけたと言われる。それはまさに「ミスター合理化」の二代目とも言うべき活躍ぶりであり、真藤の側近としての康雄は、電信電話公社の民営化の立役者のひとりであった。

　ところが、その真藤が贈収賄の罪で失脚するという思わぬ大事件が起こった。1988 年に発覚したいわゆるリクルート事件である。康雄は、1986 年からは東海総支社長として名古屋の官舎に滞在することが多かったこともあって、リクルートからの贈賄の対象にはならなかったが、真藤会長の失脚は、康雄のその後にもまったく影響しないはずはなかったであろう。康雄は 1990 年に NTT 常務取締役として経営企画本部長になったのを最後に、1992 年には子会社の NTT リース社長に就任することになった。

　経済界での康雄の活動は、このように大きな実績をあげたけれども、同じ電信電話公社・NTT に勤めていた兄久雄が寛治を驚かせたようなある意味で人間の限界を超えたモーレツ社員として活動するのとは違った「働

き方」だったのではないかと思う。その実態は、康雄の長女真理による本
章第2節、第3節を参照願いたいが、康雄は家族と過ごす時間を大切にし、
毎年冬になると家族そろってのスキー旅行を楽しんでいたのを覚えている。
その意味では、康雄は公社の民営化を推進したけれども、そこで働く社員
たちの「働き方」については、過労死を生むような際限のない長時間労働
は避けたいと考えていたようである。少なくとも、康雄自身の「働き方」は、
きちんと仕事をした上で、休暇も十分楽しむというバランスの取れたもの
ではなかったかと思う。それは康雄が非キリスト教徒であったために宗教
改革によって否定された古いルネッサンス型の人間観を持っていたと考え
るべきでなく、むしろ未来社会にあるべき「自由人」の働き方として考え
るべきであろう。

2.　公社マンから事業経営のプロへ

安田　真理

電電公社時代

　父のキャリアの軌跡を辿ると、日本電信電話公社時代の労務のスペシャ
リストとしてと、NTT民営化で経営に携わって以降の事業家としての、
2つの時代があったと思う。ただ、公社時代のいくつかの経験が「事業家
精神を鍛えぬいたきっかけ」（以下、本節の引用は、石井康雄「通信人生50年」
(1) (2) (3)『テレコム・レビュー』2010.1.15, 2.15, 3.15 による）となったそう
である。
　そのひとつが2年間出向した1964年に開催された東京オリンピックの
組織委員会での経験であった。任務は全競技場と報道センター、本部間な
どの速報体制の構築であったが、「プロジェクト参画と事業創造の喜び

を……出向体験から学んだ」。さらにその際に築いた各官庁、企業の同世代の出向者たちとの人脈はその後の人生に役立ったそうだ。また、組織委員会からもらった退職金が「スキー道楽の原資」となったとのことである。康雄・冨久夫妻の旧宅に、記念コインや入門証などが入った「東京オリンピック」と書かれた木箱があるが、記念の品として大事に保管していたのだろうか。一度その頃の話をじっくり聞いてみたかったと思う。

　東京オリンピック組織委員会での仕事の後、数年おきに転居をともなう転勤があったが、どの勤務地でも組織改革と労働組合との折衝が主な業務だったようである。

　1966年、北海道通信局職員課長に着任した。ここで、小規模局の統合・合理化の過程で「労使交渉には大変なエネルギーを費やし」、また、郵政委託の電話交換自動化にあたり「広大な北海道の地の果てまで出張し、郵政職員の説得にあたった」とのことである。そして「その苦労が報われると、交渉事が面白くなる」と語っている。1968年に運用局電信課課長補佐として本社へ戻る。ここで大赤字であった電報事業の合理化のため人員削減を計画するが、そこでも労使交渉がカギとなった。電報・データ通信・テレックスの三位一体論の事業コンセプトを打ち出し、事業縮小でなく事業近代化であることを強調して乗り切った。これらの若い頃の経験が父の「事業家精神を鍛えた」そうだ。

　その後、東北電気通信局、武蔵野電気通信研究所、本社、香川電気通信局と異動するが、この頃は労働組合が過激化し春闘で苛烈な闘争を行うなど、労使関係が先鋭化した時代であった。そこで、職員との密なコミュニケーション、労働法の講義、暴力行為に対する懲戒処分の徹底化などにより、労使関係を正常化に導いた。香川電気通信局時代は家族を東京に残しての単身赴任であった。厳しい労使交渉をこなした後、真っ暗な一軒家に帰るのである。タフな時期を過ごしたのだと想像する。1981年に熊本の九州電気通信局へ副局長として就任したが、この時は母と妹弟を伴っての

転勤であった。この九州時代を振り返って「久しぶりにおおらかな空気を
堪能した」と述べているが、この言葉は九州のおおらかな雰囲気に加えて、
3 年半ぶりの家族そろっての生活によるものだと思う。

電電公社の民営化と新規事業開発

1983 年に総裁室企画室へ次長として赴任、民営化へ向けての準備が始
まった。そこで新規事業のプロジェクトの責任者となるが、実際には「新
規事業の担当であるにもかかわらず、その知識がまるでない」（結城三郎
『NTT 新規事業開発室』日本実業出版社、1987 年、41 頁）状態。そのため社
外の研修会などで会社経営、新規事業について学んだ。ここから父のキャ
リアの第二章が始まったと考える。

その後いくつもの会社設立に携わるが、その中の新規事業第一号が
NTT テレカ。既に世に出ていたテレホンカードについて広告媒体として
のフリーデザイン化のビジネスモデルを考案。この実現のためにテレホン
カード事業を子会社化する決断をし、結果としてテレホンカードは爆発的
な売れ行きとなった。

1985 年日本電信電話公社民営化のタイミングで、経営企画本部企画部
長に就任した。ミッションは経営上の課題解決と、競合優位の戦略的経営
を行える体制作り。役員の教育を命じられたもののまだ役員にもなってい
なかった父は、隣のビルに入っていたという理由でマッキンゼーに出向き
民間企業経営についての研修や現場組織の改革を依頼することになる。父
はここで初めて経営を学ぶことになるが「実に刺激的な研修だった」と語
っている。

1986 年に取締役東海総支社長に就任し、名古屋で 2 回目の単身赴任生
活を送った。1989 年に名古屋で開かれた世界デザイン博では NTT もパビ
リオンを出展、父が正仁親王妃華子様（常陸宮正仁親王の妃）をご案内す
る写真が残っている。

NTT リース～ビジネススクール教授

　1992 年 6 月に NTT リース株式会社（現 NTT ファイナンス株式会社）の代表取締役社長に就任したが、前月に人生で初めて受診した人間ドックで胃癌がみつかっていた。社長就任の挨拶で、癌なので明日から休む、と話したとのことだが社員の方々はさぞ驚かれたであろう。幸い手術も成功して 1 か月後には仕事に復帰し、その年の暮れにはスキーにも行っている。「NTT リースでの仕事は通信の枠を超えた部分も多く、とても新鮮だった」と語っていたように、新しい収益源としてベンチャーキャピタル事業やクレジットカード事業を興した。

　その後、電子機器レンタルベンチャーのニチエレ株式会社の社長を経て、2003 年に健康関連商品のネット販売を手掛けるケンコーコム株式会社（のちに楽天が買収）の取締役に就任し、翌年に東証マザーズ上場を果たした。

　2005 年 4 月にビジネス・ブレークスルー大学院大学が開学した。講義、ディスカッションがネット上で行われ、修了時に MBA を取得できる遠隔通信教育による専門大学院である。父はここで教授としてベンチャー経営論という科目を担当することになる。父の年代は仕事でパソコンを使うことがなかったはずだが、この数年前に母と一緒にパソコン教室に通っていて操作を習得していたのが役立った。電電公社〜 NTT 時代は 1 冊もなかったビジネス書の類がこの頃本棚に並んだ。講義は新規事業としての NTT テレカ、NTT リースの立て直しとベンチャー投資、ケンコーコムのベンチャー経営など父のキャリア後半の経験を交えながらのものであった。第 1 回目の入学式の写真を見せられた記憶があるが、なんとなく誇らしげで嬉しそうだったのを覚えている。2015 年の退任で父は完全に仕事から引退した。

3.　家庭人として

安田　真理

　子どもの頃、父の帰りはいつも遅く、平日は夕飯を一緒に食べた記憶が
ない。ただ家には一切仕事を持ち込まず、仕事の話も聞いたことがなかっ
た。休日返上で仕事に行くということもなかったように思う。休日、在宅
時はピアノ演奏か読書をして過ごし、また毎年夏の旅行と冬のスキーは家
族で行くなど、仕事とプライベートを完全に分けていた。

ピアノ

　私が4歳のある日、家にピアノが来た。私のために買ったのだと数十年
の間、思い込んでいたのだが、本当は父が自分で弾きたくて買ったそうだ。
たしかに子どもの頃は、休日はいつも父の弾くピアノの音が響いていた。
かつてはフルートも演奏していたが、いつしかピアノだけになった。曲は
ショパンのワルツやマズルカ、カバレフスキーの小曲、シューマンの「子
供の情景」など。あとはシャンソン。父のピアノで「枯葉」や「愛の賛歌」
を、それとは知らずに聞いていた。ピアノ演奏はほぼ独学のはずだが、難
易度の高い曲ではない中でもレパートリーは多かったと思う。クラシック
のレコードもたくさんあり、小さい頃、休日の午後に父が買って帰ってき
たレコードを家族で聴いた光景や、夜それらのレコードを聴きながら眠っ
たことを記憶している。私が大人になってから再開したピアノの発表会に
も毎回聴きに来てくれたが、曲を熟知しているだけにちょっとしたミスタ
ッチもバレていたのだろう、辛口のコメントが多かった。2019年の入院
の際、母が病室にプレーヤーを持ち込んで毎日CDをかけていたが、どれ
だけ父の耳に届いていたのだろうか。

石井康雄・冨久一家（2014年7月20日、裏磐梯五色沼、長男賢治の妻美幸撮影）。左から
長女真理、長男賢治、孫5人、冨久、次女亜紀の夫堀内理、康雄、次女亜紀

旅行とスキー

　NTT常務取締役時代に受けた某週刊誌の「こだわりOff Time」という
コーナーのインタビューで「昆虫採集が好きで学生時代もそのために南北
アルプスを登っていた」と話しているが、たしかに父の若い頃のアルバム
には登山の写真が多くあった。私の子どもの頃の家族で出かけた記憶も、
遊園地ではなく山歩きだ。夏休みは必ず家族で2泊程度の旅行をしていた。
地方赴任時は東北、四国、九州を回り、また子どもたちが独立してからも
母と2人で旅行をしていたが、国内外を問わずトレッキングをともなう旅
が多かったと思う。毎回父が自分で行先を決め、列車や宿を手配していた。
要するに父が行きたい場所、やりたいことに家族はおとなしくついていく
スタイルだったが、母と2人になってからは母のリクエストに応じていた
ようだ。父の引退前年の2014年夏、妹弟家族含めて総勢12人で福島の五

色沼へ旅行をした。当時幼稚園児から中学生だった 5 人の孫全員が揃った旅はこれが最初で最後であったが、大変賑やかで父も楽しそうだった。最後の旅行は 2016 年に母と私と 3 人で行った上高地。その頃普段の歩調はかなりゆっくりペースになっていたが、なぜかその時はスタスタと 8 キロの行程を歩ききった。

　スキーを始めたきっかけは前述のインタビューのつづきで「雪のあるところには昆虫がいない、ならば滑ろう」ということだったらしい。私が初めてスキーをしたのは札幌在住の 4 歳の頃だったと思うが、東京に戻ってからは志賀高原の電電公社のロッジへ毎冬行っていた。しかし父にスキーを教わったことはなく、リフトに乗る必要のない緩斜面をひとりで滑っていた記憶がある。ちなみに母もスキーを教わっていないそうである。家族スキーは妹弟の誕生後の数年間のブランクを経て、その後長く続くイベントとなった。前述の某週刊誌の取材には私と妹も湯沢スキー場まで同行し 3 人でスキーをしているシーンが掲載されたが、趣味について「テレビや音楽鑑賞などの受け身の趣味でなく、自分で何かやらないと仕事を忘れて完全なリフレッシュにはならない」と話していた。スキーは 81 歳になるまで続けた。

三男・石井康雄の略年表

1934	1. 6	石井浅八・糸子の三男として出生
1944	9. 2	静岡県（のち富山県）へ学童集団疎開
1945	4.26	香川県へ縁故疎開
	10. -	疎開先から田園調布の自宅へ戻る
1946	3.31	東調布第二尋常小学校卒業（第18回）
	4. 1	東京高等学校入学
1953	4. 1	東京大学文科一類（法学部）入学
1957	4. 1	電電公社入社
1962	4.14	前川冨久と結婚
1963	11.30	妻冨久、長女真理を出産
1971	11.24	妻冨久、次女亜紀を出産
1974	1.23	妻冨久、長男賢治を出産
1983	1. -	電電公社総裁室企画室次長として民営化を推進
1986	6. -	ＮＴＴ取締役、東海総支社長
1990	-. -	ＮＴＴ常務取締役、経営企画本部長
1992	6. -	ＮＴＴリース株式会社社長
1998	6. -	ＮＴＴリース取締役相談役（2000年3月退任）
	6. -	株式会社ビジネス・ブレークスルー監査役（2005年5月まで）
2002	5. -	社団法人電気通信協会、電気通信協会賞受賞
2003	9. -	ケンコーコム株式会社取締役
2005	3. -	財団法人通信協会、前島密賞受賞
2005	4. -	ビジネス・ブレークスルー大学大学院教授（2015年退任）
2005	6. -	株式会社ビジネス・ブレークスルー取締役（2015年退任）
2011	-. -	瑞宝小綬章受章
2020	1. 5	死去（85歳）

第8章　長女・飯澤弘子
——キリスト教牧師の妻としての生涯

1.　日本伝道の大波と出会い、過疎地・過密地での伝道に従事

石井　寛治

キリスト教の首都伝道の大波と出会う弘子

　長女弘子が石井家の一人娘としてどのように育てられ、成長する過程でいかにしてキリスト教信者になったかについては、第2節の自叙伝が委曲を尽くしている。ここでは、寛治の体験と突き合わせながら、弘子の成長と仕事を記すことにしよう。

　まず、戦争中の上遠家での日曜学校であるが、寛治は弘子と違って数回しか通わなかったけれども、キリスト教との最初の出会いとして、懐かしく思い出される原風景である。わが家から多摩川方面へ歩いていき、急な坂道にさしかかる右側の角に上遠家はあった。どんな話を聞いたかは全く覚えていないが、旧約聖書学の権威である浅野順一牧師の美竹教会の熱心な会員であった上遠章博士（1899-1993）が、戦時下のキリスト教弾圧の風潮に抗して、信仰の灯を守ろうと自宅を美竹教会のサテライト伝道のために活用していたのであろう。それは明治中期以降、農村伝道が衰退し、大都市中間層のインテリ信者が中心となった日本伝道の流れを推し進める波頭のひとつであった。善し悪しは別として、「恐らく大正、昭和を通じて教会員増加の最も有力な地盤は、日曜学校にあった」（久山康編『近代日本

田園調布の石井宅での弘子と母糸子

とキリスト教（大正・昭和編）』基督教学徒兄弟団、1956 年、160 頁）と指摘
されているのである。

　弘子は、田園調布小学校を 1948 年 3 月に卒業して青山学院中等部に入
学したが、寛治が 2 年後に同小学校を卒業した時には、私立中学の難関校
としては東洋英和女学院中等部と麻布中学校が挙げられていた。しかし、
弘子が受験した年の青山学院もかなりの競争率であり、小学校を優秀な成
績で卒業した弘子にとっても狭き門として意識されていた。これら私立
3 校はいずれもメソジスト系のミッションスクールとして出発し、男子校
の麻布中学校だけは上級校への入学資格を確保するため宗教色を払拭した
歴史をもっていた。戦後は私学も公立校と同等に評価されるようになった
ために、青山学院には男女を問わず優れた生徒が集まり、自由な雰囲気の
もとでの教育が行われた。青山学院や東洋英和女学院では生徒に近くのプ
ロテスタント系教会の礼拝へ出席するよう勧めたため、岡田五作牧師が開
拓伝道中の田園調布教会の日曜学校などは狭い会堂に溢れるばかりの生徒
が集まり、弘子もそのひとりであった。寛治も小学生の時から同教会の日

曜学校に通い、義脩も弘子の強い誘いによって小学 4 年生の 1954 年から
日曜学校の生徒になったという。

　アメリカのメソジスト系の牧師ローレンス・ラクーアの巡回伝道が始ま
った 1950 年に弘子は青山学院での同牧師の集会に参加し、入信の決心を
するが、ラクーアが原爆投下の償いをしたいと考えて来日し、ハープの名
手だった夫人を中心とする斬新な音楽伝道形式をとった点に、当時の良心
派の伝道の特徴があり、大きな成果をあげたという（久山康編『現代日本
のキリスト教』基督教学徒兄弟団、1961 年、215-217 頁）。弘子の志望は教師
になることで、青山学院大学文学部英米文学科では好成績をとってはいた
が、彼女の本当の関心はキリスト教神学にあり、アメリカ帰りの野呂芳男
牧師の講義などを、もぐりで聴講していた。このことは、弘子の将来の進
路を決める上で、重要な伏線となったように思われる。

牧師飯澤忠との結婚と北海道美唄・東京代々木での伝道活動

　弘子が、田園調布教会において神学生飯澤忠と出会い、結婚して、北海
道の炭鉱地帯の美唄教会に赴く経緯は、本章第 2 節において弘子本人が
縷々思いのたけを語るので、それに譲る。ここでは、弘子の夫となる飯澤
忠の人となりを、彼が行った説教「平和を実現する人々」（2004 年 8 月
15 日）によって見よう。「マタイ福音書」5 章 9 節の「平和を実現する人々
は、幸いである。その人たちは神の子と呼ばれる」を引用しつつ、飯澤牧
師は次のように述べる。

　　私は、特攻隊にあこがれる軍国少年でした。敗戦の日、私は北海道
　の江別で、特攻隊用の戦闘機を作る工場に学徒動員でかりだされてい
　ました。その半年前、私の父は徴用で飛行場を作る作業中、事故で亡
　くなってしまいました。父の死と敗戦が重なり、私の心の闇は深くす
　さんでいくばかりでした。十五歳の私をかしらに六ヵ月の幼子まで四

人をかかえた母は社会保障のない時代を必死で働きました。母は若い頃洗礼を受けましたが、未信者の父と結婚し、この世の幸せに流され教会を離れていました。……熱心にさそう母の言葉で、ひやかし半分の気持ちである日、夕礼拝に出席しました。後で聞きましたが、教会の方々は、ぐれかかっていた私のために祈っていてくださったのでした。物事を自分中心にしか考えていなかった私に、イエス・キリストの十字架の愛は衝撃的で、その愛に迫られて私は自らの罪に気づき、悔い改めへと導かれたのです。……神との和解により、私は少しずつ他の人のこと、社会のこと、そして世界の現状へと目が開かれたように思います。

　ここには、飯澤忠が戦中・戦後に陥った苦悩に満ちた歩みと、そこから脱出していく姿が正直に述べられている。寛治は、飯澤牧師の説教のいくつかを読んだが、どの説教も、自分が体験したことや他人が経験した事実が具体的に述べられ、そうした生活のなかでの信仰者のあり方が語られており、聴く者の心に染み透る不思議な力がある。

　この説教の時は、飯澤牧師夫妻は過密都市東京に戻っていたが、1960・70年代には北海道で宣教活動をしていた。とくに美唄教会の牧師だった時は、エネルギー革命で美唄炭鉱を1963年三井、続いて三菱と相次いで閉山としたため、過疎地に生きる教会員と地域住民の生活を守るための苦労は筆舌に尽くし難かったという。その時の様子も弘子自ら語るであろう。寛治は1960年代に群馬県西部の農村地帯の歴史調査を行っていたが、調査先の旧家で泊めていただいた際、同家は明治以来のキリスト教信者であり、教会は残っているが、活発とはいえないことを教わった。隅谷三喜男氏は、明治後期に同地の教会が衰退したのは、経済基盤であった蚕糸業が低迷したためだと言われるが（『隅谷三喜男著作集』第8巻、岩波書店、2003年、283-284頁）、筆者の調査結果では、同地の蚕糸業は決して低迷しておらず、

教会の衰退を経済基盤の低迷から説明することは難しい。美唄教会の場合
は、炭鉱が閉山し、旧来の経済基盤が崩壊したことは明らかであったが、
そうした時にキリスト教会はどうしたのか、飯澤牧師夫妻の対応を知りた
いと思うのは、寛治ひとりではなかろう。

2.　物心両面で夫の伝道活動を陰から支える

飯澤　弘子

幼年期の思い出

　自分の生涯を振り返るにあたり、まず記憶のはじめとなる幼い頃のこと
から記したい。

　人間は、乳幼児期に十分愛されているという経験をすることにより、人
格形成の基礎となる大切なもの（「基本的信頼」エリクソン）が備わると言
われている。7人もの子どもを育ててくれた両親、特に命がけで一人ひと
りの「いのち」を愛し育くんでくれた母糸子の生きざまは、そのことを証
明していると言っても過言ではない、と思う。子どもの養育をすっかり母
親に任せていた父浅八も子煩悩であったと思う。父が帰宅すると、幼い子
どもたちは玄関に出迎え、宴会の手みやげをぶらさげた父のラージポンポ
ン（太ったお腹）にまとわりついていた光景を思い出す。

　戦争が厳しい状況になる前は、子どもたちは豊かな生活の中で育てられ
ていた。上の庭と下の庭をつなぐすべり台、下の庭にはブランコと砂場、
家の中の廊下には鉄棒ならぬ「木棒」が備えられていた。数々の玩具類、
そして絵本がたくさんあった。5月5日の端午の節句の人形飾り一式は床
の間いっぱい、3月3日の桃の節句のひな人形は、ひな段はなかったが、
それなりに飾られていた。家族のなかでは男ばかりであったが、両隣、前

の家には、同年代の女の子ばかりがいて、当時のわが家の子どもたちは、毎日遊びに熱中していた。

　母糸子の子育ての原点には、糸子の母、山﨑わかの DNA が引き継がれているのかもしれない。わが家にはいつも『婦人の友』誌があった。巻頭言には羽仁もと子によるキリスト教のメッセージが記され、糸子は家事、育児の指針をこの雑誌を通して学んだのではないかと思われる。羽仁もと子の推奨と聞いたことがあるが、わが家では寝る前のひととき、糸子は子どもたちを集めて絵本を読んでくれるのが常であった。幼い寛治が、「みにくいあひるの子」の物語で、羽根が黒いため仲間はずれにされる場面になると、涙を流していたことが忘れられない。幼い頃に人間としての感性が育まれた例だと思う。

　私は、糸子の日記によると、生まれてしばらくの間は元気な赤ん坊だったようである。しかし、記憶にあるのでおそらく３歳頃からと思うが、たびたび小児喘息の発作を起こすようになったようである。ひどい時は、２階の８畳の座敷で、泊まり込みの看護婦（師）の看護を受けながら過ごしていた。この病は小学校に入っても続き、１年生、２年生の遠足や運動会の写真に私の姿は写っていない。この頃の私は、おとなしく元気のない子どもだったようである。

学童集団疎開の日々

　さて、戦況が悪化し、本土への空襲が激しくなって、東京の小学３年生から６年生は、少しでも安全な地方に学童集団疎開をすることになり、兄康雄（５年生）と３年生の私が静岡県へ行くことになった。不思議なことに、これをきっかけに私の喘息はすっかり治ったのである。転地療法となったのかもしれない。その後、わが家は父浅八と長男敏夫を残して、全員で四国香川県に縁故疎開をすることになった。６か月間にわたる集団疎開の途中、父が当時なかなか手に入らなかったであろうラジオを贈呈するために

訪れてくれ、嬉しかったことを覚えている。そして忘れられないのは、康雄兄さんが、妹の私のことを気にかけ、何かにつけ訪ねてくれたり、おやつになる木の実を拾ってもってきてくれたやさしさである。もっと小さい時からも、ヒロコ、ヒロコとかわいがってくれた記憶がある。1945年3月10日の東京大空襲のすぐ後、父が2人を迎えに来てくれ、まだ残る大空襲後の悲惨な情景を目にしながら家に辿り着いた。それから毎晩のように続いたB29爆撃機による空襲、四国に出発するまでの日々が、私の戦争中の恐怖の空襲体験となった。

敗戦後の石井家の一人娘として

　戦後の悲惨な生活は、ほとんど全ての日本人が体験したことであるが、敗戦により職を失い、7人もの子どもをかかえた石井家の生活は、それまでの豊かな生活とは全く一変したものとなった。しかし、ひとりの犠牲者を出すこともなく新しい生活が始められたことは、何にもまして感謝すべきことと言わねばならない。行く先に光が見えない状況であっても、子どもの教育に関しては、当然優先すべきものとして考えてくれた両親の姿勢には、心から感謝したいと思う。戦後、新しく始めた会社経営もうまくいかず、納得のいかない父のいらだちと苦悩のはけ口を一身に受けたのは、妻・母としての糸子であった。母糸子のあの平静さ、理性に基づく忍耐強さは、子どもたちが一致して認めることであろう。あの態度がなかったら、子どもたちの心はまっすぐには育たなかったように思う。その母の涙を私は数回だけ見た。母の弟である山﨑六郎叔父の戦死の報に接した時、母は声をあげて泣いた。それと子どものPTAで中学校からの帰りが遅くなったことに腹を立て、迎えに行った父が途中で出会った母に暴力をふるった事実を私に話した時、母は涙を流した。そして、最後は父の亡くなった時である。しかし、陰で流した涙の数ははかりしれない。

　6人もの兄弟に囲まれて育った者として、これだけは話しておきたいこ

とがある。近所には同世代の女の子が5人も住んでおり、遊ぶ相手はいつも女の子だった。しかし、たったひとり、男兄弟の中にいる娘が、女の子らしく育つようにと、親は気をつかっていたと思う。お正月には着物を着せ、女の子らしい羽子板遊びをさせ、書道や茶道の稽古事に通わせてくれていた。兄3人は、それぞれたったひとりの妹をかわいがってくれた。長兄敏夫は、海外に行くと、いつも高価なおみやげ（象牙のブローチ、シャネルの香水、口紅など）を買ってきてくれ、次兄久雄は、私を熱心に教会へと誘ってくれ、すぐ上の康雄とは年の近いこともあり、小さい頃から仲がよかった。戦後を夢中で過ごした私は、弟3人に何かしてあげた覚えがない。ほんとうに申し訳ない姉だったとお詫びしたい気持ちである。

敗戦により、それまでの仕事を失い、その後も納得のいく仕事をすることができない中にありながら、7人の子どもの生活を守り、十分な教育を受けさせようとした両親の態度を思い返すと、胸があつくなる。経済的に逼迫した状況にもかかわらず、私を青山学院中・高等部に入れてくれたことが、人生を方向づける基礎となったことは確かである。青山学院での学生生活は、戦後の自由な風潮のもと、実にのびのびと楽しく充実したものであった。母は、結婚に際し、習っていた三味線やお琴を置いて、立派なリードオルガンを持ってきた。母の娘の頃の本当の夢は、東京の音楽学校に入り、声楽を学ぶことだったという。その希望は親の絶対反対により叶えられず、悲しかった話はよく聞かされていた。私が書道やお茶を習うことより、モダン・ダンスを習いたいとの夢がふくらんできた時、母は父に内緒で、それを応援してくれた。牧師と結婚することが見えてきた時まで、私は夢中になってモダン・ダンスの中に、自分を発散し、表現する世界を追い求めていたのである。

戦争中に始まるキリスト教との出会い

私のキリスト教との最初の出会いは、戦争中に遡り、近所の上遠家で開

かれた日曜学校に出席したことにある。上遠章氏は、ご夫妻が渋谷にある
美竹教会の会員で、上遠氏は、東京大学農学部の副手の後、農林省技師と
して農薬研究の指導者となった学者であり、長兄敏夫の恩師であった。兄
はアメリカから帰国した際には、よくご挨拶に伺っていた。当時誰の声か
けかはわからないが、近所の子ども数人とともに、日曜日の朝、上遠家の
2 階の広間で開かれた集会に出席していた。帰りには、ひとりの神学生が
子どもたちをそれぞれの家に送りながら、家の前の坂を登って帰っていっ
た。私が青山学院高等部に進み、「宗教部」に入った時、聖書の授業を受
け持っていた教師、藤村靖一牧師から「私は石井弘子さんの小さい頃を知
っている」と言われたが、この牧師こそ、あの日曜学校の神学生だったの
である。戦争が激しくなってきて、日曜学校へは行かなくなったが、その
神学生は、召集され、厳しい戦争体験を経て牧師となった方である。私に
とっての恩師のひとりである。

　戦後、1946 年に次兄久雄がクリスチャンとなり、誘われるまま、小学
校 5 年生頃から田園調布教会の日曜学校に通うようになり、その後青山学
院中等部に入学してからは、日曜日ごとに教会へ休まず通うようになった。
青山学院の中等部 3 年のクリスマス、私は洗礼を受けた。

　何をどこまで理解していたかと問われると、ほんとうに知識としてはほ
とんど何もわかっていなかったと言わねばならない。けれども学校での伝
道集会（ラクーア伝道）において、決心者が募られた時、手を挙げ、前に
出て行くひとりとなったのである。むずかしいことは考えず、素直に、イ
エス・キリストに従っていきたいとの純真な気持ちであり、背後に神の導
きがあったと信じて、感謝している。私の洗礼の決心について、母は、父
浅八は絶対に許してくれないから、だまって受けなさい、と賛成してくれ
た。その後の教会生活に関して思い返す時、母の陰の応援、助けがなかっ
たら、私の信仰の歩みはスムーズにはいかなかったことは確かである。キ
リスト教主義の学校には、聖書、キリスト教について学ぶ授業があり、礼

拝も毎日行われていた。高等部の聖書の授業、また宗教部で出会ったひとりの教師、橋本ナホ牧師を通して、私はキリスト教についてもっと深く知りたい、という願いにとりつかれたようになっていった。

大学での英語と神学の学び

大学に入る時、父は短大へ、と主張した。青山学院短期大学卒は、四年制卒より（嫁入りには）評判がよい、との考えのようであった。必死で父を説得、アルバイトもするし、奨学金ももらって……との娘の声を受け入れてくれた。将来は教師になろうという漠然とした希望で、文学部英米文学科に内部進学。大学での4年間の生活は、時間を有効に使い、充実したものであった。はじめのアルバイトはデパートだったが、次第に家庭教師の依頼が来るようになった。小学校の恩師、大学や会話の先生、教会の牧師、そして弟寛治に依頼された人などからで、いつもいっぱいであった。10単位多くとると、卒業論文を出さなくてもよいことを知り、できる限り単位を早くとり、3、4年次生の時間を基督教学科の聴講、読書会参加の時間にあてた。そこで出会ったのが当時アメリカ留学から帰国したばかりという野呂芳男牧師である。野呂師は、基督教学科の教授と青山学院教会の牧師の要職についておられた。正式な聴講生ではなかったが、時間がとれる範囲で、教会では学び得ない科目の授業に出席、この学びは、その後の人生の歩みに大きな力となったと感じている。この頃の母糸子は、持病の心臓喘息が悪化していたが、家事をこなし、父の言う通りに動き、手紙などを書く秘書役もするという大変な日常生活であった。私は時間の合間には家事を手伝い、学校の帰りには自由が丘の商店街に立ち寄って、できあいのおかずを買ってきたことが思い出される。

父浅八の死去と母糸子の受洗

大学卒業後の志望は、英語の教師であったが、その年度の公立中学の英

語教師の募集の見通しはほとんどないことがわかり、志望を変更、貿易商
社の木下商店を受験、採用が決まった。父はすでに国際電信電話公社に入
ることを頼んであると言ってひどく怒ったが、その後、木下商店もかなり
の評判と聞き、納得した様子であった。そしてその後しばらくしての父の
死である。1957 年 11 月 1 日のことで、これは衝撃であった。葬儀の時、
父の関係者が、「お父上からあなたの結婚相手を紹介してほしい、とご依
頼を受けていました」と告げられ、ほんとうに驚いた。一人娘に何とかよ
い将来を、と考えてくれたことは確かであるが、父の考える枠におさまる
ことはできないままの別れとなった。

　母糸子は、父浅八の死後、自ら教会に通うようになった。籠から放たれ
た鳥のように、といってもいいと思う。福岡高等女学校時代、糸子は友人
とつれだって、近くのキリスト教会に讃美歌を歌いたくて通ったそうであ
る。西洋音楽のすばらしさにふれ、将来は音楽を学びたいと夢をふくらま
せたが、実現には至らなかった。嫁入り道具にオルガンが加えられたのも、
その流れである。キリスト教にひかれて教会に行った、との言葉は聞かな
かったが、キリスト教にふれることにより、理解が深まり、信仰へのきっ
かけとなったことは確かだと思う。母糸子が洗礼を受けたのは、夫の死後
1 年 2 か月も経たない 1958 年 12 月 21 日のクリスマス礼拝の時であった。

パートナー飯澤忠との出会い

　大学に入ると、教会では、教会学校の教師となるようにと言われ、中学
科 1 年生女子クラスの担任となった。当時はキリスト教ブームの時代、し
かも大教会とあって、多くの生徒が集まっていた。中学科にはミッション
スクールの生徒が多数来ており、1 年生男子クラスの担任だったのが神学
生の飯澤忠であった。教師会では、各学年の教師が順番に、課題について
の研究発表をすることになっており、飯澤と 2 人で発表に向けての相談、
準備のため親しく接するようになった。当時私はヘルモン会（大学生の会）、

1959年2月から1965年3月まで飯澤忠が牧師をつとめた北海道の美唄教会。2階が牧師館

飯澤はヨルダン会（働く青年、夜間神学生）に属して顔と名前を知っている程度で、それまで接点がなかったのである。学校、教会では多くの青年男性との交わりの中にあり、かなり親しい友もいたが、飯澤には人をひきつける独特の雰囲気があった。彼は卒業を真近にして、結婚相手を決めなければ、と思っている時だったという。しかし神学生である飯澤との結婚は、決して父に許されないだろうとの思いの中にあった時に訪れたのが、突然の父の死であった。私より1年早く神学校を卒業した彼は、横浜の上星川伝道所の牧師となっており、私は「卒業したらすぐに結婚してほしい」との申し出を受けた。2月半ば、あとはもう卒業式という時から、日本橋の木下商店に出社しはじめていた私の耳に、この会社には、「結婚したら女子は辞める」との内規があるという情報が入った。2人で働かなければ生活はできない。そこで木下商店を辞め、教会の牧師の世話により、横浜のミッションスクールの事務職に就くことになった。そして、大学を卒業してすぐの5月に結婚式を挙げた。飯澤忠（1931年4月27日生）27歳、弘子22歳であった。

炭鉱閉山前後の美唄教会の経済を英語教室で支える

　北海道で生まれ育った忠のもともとの希望は、北海道の教会に赴任することであった。結婚の翌1959年2月、私たちは北海道美唄市の教会より招聘を受け、転任したのである。前任者がボリビアへ宣教師として赴いたのにともない、幼稚園もある美唄の教会を無牧にすることはできないとのことで、年度途中での異動となった。連絡船を下り、列車で美唄へ向かう

1962年5月に長男正実を出産したさいの飯澤弘子と夫忠、長女とも子

時、美唄教会の役員が迎えに来てくれており、話し合いがなされ、「五年間は里帰りはしないでほしい」との要望が出された。美唄での生活は、時間的にも経済的にも全く余裕のない毎日であり、その言葉がなかったとしても、里帰りはできなかったと思うが、北海道赴任時代に東京で行われた石井兄弟、飯澤弟妹の結婚式は、すべて欠席せざるを得なかった。

　2月に着任してすぐの役員会で「弘子夫人に英語教室を開いてほしい」との要請が出された。4月の教室開始に向け、新聞折込のチラシを配ったところ、市内と近隣の町々から、百名ほどの申込みがあった。小6、中1-3年、高校クラスを予定したが、高校は学校によって教科書、副読本が違い、別々のクラスの時間はとれず、しばらくして中止した。そのほかに、近くの小さい炭鉱に住む親たちから、週1日、ぜひその炭鉱の集会所で英語教室を開いてほしいと切望され、依頼者たちの中心が教会員であったこともあり、週1日は夕方から夜まで、その地域で教室を開いたのである。教会では、土曜日午後に、高校生のための集会を行っていたため、月曜日から

金曜日の夕方はすべて英語の授業に明け暮れる生活となった。教会における教室では、学年ごとに週1回、1時間半英語の授業を行い、その途中10分間は礼拝を行った。讃美歌は英語、聖書とショートメッセージは牧師が担当、オルガニストは私であった。子どもが生まれてからは、通いの手伝い（子守り役）を雇った。教室が終わってからの教会の集会、祈祷会や家庭集会にも出席し、子どもをおぶって出かけていた。子どもが2人になってからは、教会員が夜、子どもを預かったり、幼稚園の教師が夜遅く私たちが帰宅するまで残り、子どもの世話をしてくれるなど、都会の教会ではおそらくあり得ないような協力が私たちの活動を支えてくれた。

　なぜ、私が、教会の英語教室を終えた後も、集会に出席したのか。そこには、牧師だけが動くのでなく、牧師夫人もいっしょにすべてのことに参加し、時には率先して動いてほしい、そうでなければ、この地での伝道はできない、との考え方があったのである。教会員には、遠い岡山県から屯田兵として北海道に渡ってきた家族の子孫、公務員や農業の人もいたが、多くは三井、三菱炭鉱の関係者であった。炭鉱職員の人もいたが、労働者の方が多かった。「満州」からの引揚者、シベリア帰り、上野で浮浪児だったという人、そして過去を語らぬ人たち。すべてを失い、頼るものの全くない人たちのもつ信仰のありように心を揺さぶられ、私たちも共に歩んだと言える。

　予想されていたことではあるが、エネルギーが石炭から石油に代わり、炭鉱はつぶれていった。1963年の三井炭鉱閉山にはじまり、数年のうちに大小すべての炭鉱は閉山となった。教会員の半数以上が美唄を去り、幼稚園は三井炭鉱地区からバスで来ていた園児がいなくなり、存続が危ぶまれ、園長給もなしとなった。幸い英語教室の生徒は炭鉱地区から通っていたわけではなかったため生き残り、英語教室からの収入の半分ほどが教会の収入とされていたため、教会の経済的危機とはならなかったのである。

札幌市で放送伝道・学園宗教主任の忠とともに過ごす

　美唄教会在任は 6 年 2 か月であった。戦後アメリカの教会から、日本復
興と伝道のために多額の献金が日本の教会に送られていた。広大な北海道
伝道のために、放送伝道が有効ということで、1 人の宣教師を中心に、ラ
ジオによる伝道が始められた。何人かの宣教師と 2 人の日本人牧師が専任
でその仕事を担当することになり、忠もそのひとりとなり、札幌へ移った
のである。放送伝道は超教派で行われ対象は道内全域であり、忠は毎晩
「明日への祈り」という番組を担当、ショートメッセージを語り、通信講
座の受講者を募り、日曜日には各地の教会での集会を開いていた。私はす
ぐ近くの開拓伝道中の教会の会員となり、子育てをしつつ、頼まれて近隣
の子どもたちに英語クラスを開いて家計を助けていた。6 年後、アメリカ
からの献金は、より貧しい国へまわすためなくなり、専任牧師はすべて退
任となった。現在もこのホレンコ（Hokkaido Radio Evangelical Mass Com-
munication）の活動は、信者の献金とボランティアの牧師により続いている。
　ちょうどその頃、日本各地で学園紛争が起こっており、札幌の北星学園
も、その渦中にあった。学園の女子中学・高等学校でも宗教主任が辞任す
る事態となり、忠が後任として招かれ状況の終息に尽力、5 年在任して、
東京の代々木教会に赴任することになったのである。札幌での 11 年間、
牧師館から離れ、牧師の妻としての立場ではなく、一教会員としての視点
をもつことができたことは、その後の生活に大いに役立った。子どもたち
が、自由な環境でのびのびと過ごせた時でもあった。

東京の代々木教会で牧会する夫忠を物心両面で助ける

　忠の北星学園での宗教主任としての 5 年間は、期待された働きができ喜
ばれていたが、本人は牧会へ戻りたいとの願いが強く、慰留されても、そ
の思いを消すことはできなかった。1931 年生まれである忠の年齢の牧師

にはよくある傾向かもしれないが、赴任先の謝儀などにはまったく無頓着。それは結婚以来一貫しており、この課題は妻が担うのが常となっていた。北星学園から代々木教会に移った際に年収は約半分になった。ここでも私が英語を教える生活が引退間際まで続いたのである。教会員関係や甥、姪が生徒であった。

さて、牧師の妻としての働きは決まっているわけではない。一言で言うならば、見えないところで夫の伝道牧会を助けるのである。私の場合、教会の雑用係、夫の私設秘書、牧会の陰の助け手などである。私たちの場合、北海道の教会での経験から、牧師館には、多くの人が出入りし、必要と思われる場合には食事を提供する、いわば地方型牧会が日常であった。北海道では水を得た魚のように活躍した忠であったが、東京の教会の様子はかなり違っていた。しかし、忠にとって園長の仕事も初めてではなく、求道者も増えていった。また学校の宗教主任としての経験は、17年間講師として、青山学院女子短期大学でキリスト教学を教えるのに役立ったと思われる。24年間の代々木教会での伝道牧会を終え引退したが、その後も89歳の現在に至るまで、説教奉仕、協力牧師としての働きを続けることができ、幸いであった。

所属教会以外での弘子の活動

東京に戻り5年たった頃、全国教会婦人会連合から、「牧師夫人研究委員会」の委員になるようにとの依頼がきた。全国教会婦人会連合とは、日本基督教団の宣教部に属する自主活動団体で、婦人が連帯して宣教活動を行う全国組織である。私は地方教会経験者として、牧師の生活・課題等に関する調査研究を行う小委員会の委員として活動することになったのである。この委員会には、12年間加わった。また、婦人牧師の老後があまりにも厳しい状況であることを憂えた婦人たちの呼びかけにより、千葉県館山市に、婦人教職と逝去した牧師の配偶者のためのホーム「にじのいえ」

がつくられ、その委員にもなり（1989 年）、20 年間関わった。その間に、すでに東京青梅市につくられていた隠退教師とその配偶者のためのホーム「信愛荘」と「にじのいえ」が合併、「にじのいえ信愛荘」となり、その運営委員を 2020 年 11 月限りで退任し、2021 年 6 月には協力委員も後任に引継ぐことになっている。赴任教会の牧師の妻の立場をこえて、全体教会の働きに加わることにより、全国の教会の実情に少しでもふれることができたことは幸いであった。また、交わりの輪が全国へとつながったことは、大切な宝となっている。

長女・石井（飯澤）弘子の略年表

1936	2. 5	石井浅八・糸子の長女として出生
1944	9. 2	静岡県（のち富山県）へ学童集団疎開
1945	4.26	香川県へ縁故疎開
	10. –	疎開先から田園調布の自宅へ戻る
1948	3.31	大田区立東調布第二小学校卒業（第 20 回）
	4. 1	青山学院中等部入学
1950	12.24	キリスト教の受洗
1954	4. 1	青山学院大学文学部入学
1958	4. 1	木下商店入社を断り、フェリス女学院事務局に勤務
	5. 4	飯澤忠と結婚
1959	2. 4	夫忠の転任により、北海道美唄市に転居
1960	5.25	長女とも子を出産
1962	5.18	長男正実を出産
1965	4. 1	夫忠の転任により、札幌市に転居
	11.26	次男善生を出産
1971	2.13	次女ゆりを出産
1976	4. 1	夫忠の転任により、東京都へ転居
2000	4. 1	夫忠の引退により、川崎市に転居
2011	9.24	長女原田とも子の近隣、東京都世田谷区に転居

第9章　四男・石井寛治
——東京大学を近代日本経済史研究の中枢へ

1. 理系願望から転じた文系世界で理系問題と出会う

石井　寛治

天文学者志望が挫折して文系世界に転換

　石井家の四男寛治が小学校を卒業する 1950 年 3 月に、4 年生からの担任であった平野吉雄先生が書いてくれた言葉として「三年間ずい分先生は無理を云いましたね、ごめんなさい。天文学者生まれるか期待して待ってます」というのがある。先生が謝っているのはなぜかというと、この先生は視聴覚教育の先駆者で関係した仕事で休講することが多く、その場合は級長の私が黒板いっぱいに算数などの問題を書き皆で解こうとするのだが、わからないときは私が解いてみせたことを指しているのである。もちろん寛治にもわからないことがあり、その時は父親が高校の数学教師である副級長の女生徒が、翌日正解を教わってきた。まさ

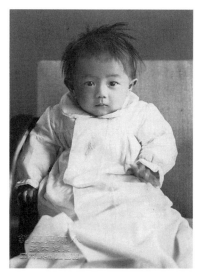

1938 年（昭和 13）6 月 18 日、生後 4 か月半の寛治

に自主的・積極的学習の模範学級であったが、いったい担任は2日間も生徒をおいてどこへ行っていたのか、生徒は一向に気にしないという変わった学級であった。

　3学級のうち1組は後の首相橋本龍太郎のような政治家を生み、3組は防衛庁（省）のトップ官僚を生んだのに対して、寛治のいる2組は学者や芸術家が輩出した。勉強や遊びは自分で工夫してやるものだという慣習が皆に染み込んでいたためかもしれない。級長の寛治は幼稚園の頃から算数が得意で、教師の質問には寛治がすぐに全部答えてしまうため、石井は黙っていなさいと言われるのが常であった。その寛治が将来天文学者になると本気で思っていたのかというと、それは疑わしい。当時は、愛読していた少年雑誌に横井福次郎の「冒険児プッチャー」という宇宙旅行の漫画があったので、単純に宇宙に憧れており、将来の夢は何かと訊かれて天文学者だと口を滑らせた可能性が高い。しかし、学者になりたいと思っていたのは事実であり、何しろ小学校生徒の時から先生の代役をやっているのだから、将来は先生より上の学者になろうと考えたとしても不思議でなかろう。

　小学校時代は理系の学者を志望していた寛治であったが、1950年代の中学校・高校時代にその考えが、社会科学という文系分野に進む方向に転換した。それには消極的理由と積極的理由があった。消極的理由というのは、進学した田園調布中学校には、数学や理科がものすごくよくできる御船哲君と多田邦雄君という2人の秀才がおり、模擬試験の総合点では寛治を含めた3人が東京全体のトップを争っていたが、理系の難しい分野に限るととても敵わないことがはっきりしたことである。この点は、秀才ぞろいの日比谷高校に進学するともっとはっきりしたので、寛治はあれほど得意だった数学が嫌いになり、東京大学受験も理系志望でなく文系志望に決めた。その裏には、社会問題の解決には理系の学問では駄目で、文系の学問が必要だとの思いがつのってきたという積極的理由があった。石井家に

は、年上の兄や姉のために買った本がたく
さんあり、寛治は小学校の頃からそれを乱
読していたが、そのなかで特に寛治に影響
を与えたのは、吉野源三郎の『君たちはど
う生きるか』（新潮社、1937 年）であった。
コペル君と呼ばれる少年が父親がわりの叔
父さんに連れられて社会勉強をするのだが、
高いビルの屋上から見下ろすと普段の場合
とは全く異質な人びとの流れがあることに
驚き、これが人間の社会なのだということ
を教わるあたりは、目からうろこが落ちる

田園調布中学校 3 年生 15 歳の寛治

思いで読んだものである。そうした前提があったので、高校 1 年生のとき
の「一般社会」の授業で階級関係の存在を教わった時は、これこそわが家
の貧困の根本原因だと妙に納得できたのであった。もっとも、当時の寛治
の主たる関心は、社会問題よりも自分自身の内面に向けられ、親しい友人
と聖書研究会（YMCA）で人生論を戦わせていたが、宗教はアヘンかとい
う疑問が絶えずあった。そうした時に、教会学校の夏季修養会における山
手教会の平山照次牧師の講演を聴き、キリスト教とマルクス主義は実践的
には協力可能だと知って、高校 2 年生のクリスマスに受洗してキリスト教
徒になったのである。このように、社会の矛盾に解消できない自我の問題
にまずこだわる経験をもったことは、その後の私のマルクス主義への対応
の仕方を大きく規定することになる。

　幸い東京大学へは文科一類に現役で合格し、駒場の教養学部時代の 1 年
半の内に法学部へ行くか、経済学部へ行くかを決めるのだが、寛治がため
らわずに経済学部を選んだのは、1957 年 3 月 27 日の日記に、「僕は経済
学部へ進んで大学院迄行くつもりである。やれるかどうか分からないが、
僕の性質から考えてみてどうもその方が向いているらしい。僕でなくては

1956年8月16日、北アルプス後立山連峰の針ノ木岳にて。左から康雄（22歳）、大竹五郎氏（21歳）、寛治（18歳）

出来ないことをこの一生にやってみたい」とあるように、経済学研究者の途を選ぼうと決心したためであった。エンゲルスの『反デューリング論』などを繰り返し読み、マルクスの『資本論』をわからないままに読みはじめていた時の決心だったから、マルクス経済学を研究したいと考えていたことは間違いない。

日本経済史の研究者の途を選ぶ

次の問題は、経済学のどの分野を専門として選ぶかであるが、それはゼミナールの選択によってほぼ決まった。経済史を選んだ理由を寛治は次のように語っている（石井寛治・田崎公司「日本経済史研究の半生」『大阪商業大学・商業史博物館紀要』第5号、2004年）。

経済学部に行ったときには三年生ですから、ゼミの選択があるんです。そのときは実は、どういう分野でやるかはまだ考えてなくて、ゼミを

選ぶときに随分まよいましたね。財政学とか金融論だとか、いろいろ
有名なゼミがありましたけれど、どれも特定な分野に限られていると
ころに、ちょっと私には不満があって、いろんな分野のことをやるに
は経済史がいいんじゃないかというふうに考えました。

　こうして寛治は山口和雄演習に入り、日本経済史の研究者への途を模索
することになった。学部4年生から大学院1年生の頃は、第一次安保闘争
の時期であり、寛治もたびたびデモに参加した。マルクス主義者の友人・
先輩からは、寛治もマルクス主義者の途を歩むべきだと誘われたが、キリ
スト教徒にとっては、何であれ「主義」者になって自分の生き方をその「主
義」に預けてしまうことは、偶像崇拝に繋がるとして拒否すべきだと思い
詰めていたから、そうした誘いには乗らなかった。大学院の論文入試では、
長野・群馬・福島の比較製糸業史の論文を書いて合格したが、大学院を出
ても職業的研究者となる保証は全くなく、博士課程にはポスドクの浪人が
たくさんいた。入試の面接では論文の内容についての試問よりも、就職難
でも研究者の途を志す覚悟があるか否かを確認する質問が中心であった。
中学校・高校の教職免許を持っているかと訊かれ、まだですと答えると、
それはまずい必ず取りなさいと言われ、まるでそれを条件に合格させても
らったような格好になった。そこで寛治は、母校の田園調布中学校で教育
実習をしたが、実習仲間には後に東大農学部や東大文学部の教授になる人
も一緒で、研究者の就職難が理系・文系を問わず広がっていた。
　大学院生の頃の研究テーマは、第2節で述べるように、日本産業革命の
一環としての蚕糸業史であったが、研究上のネックは、極端な貧乏生活の
中で、地方農村の史料調査に出かける時間と、費用がないことであった。
博士課程では長野の器械製糸の調査をしたかったが、宿泊費がないため日
帰り可能な山梨県の調査で満足しなければならなかった。そのことがかえ
って山梨製糸業と長野製糸業の比較をし、製糸金融の決定的役割を強調す

る博士論文に繋がったのである。寛治は 1965 年には、経済学部の期限付き助手に採用されるが、助手期限が切れたところで、たまたま指導教官であった山口和雄教授が定年退職したために経済史人事が起こされ、幸い1968 年 1 月から助教授に採用された。

東大紛争と教会闘争との関わり

経済学部の教授会メンバーに採用された途端に起こったのが医学部の処分問題にはじまる東大紛争であり、バリケード封鎖をともなう全学ストライキが長期化した。寛治が開設した演習には、経済学部自治会委員長だけでなく対立する全学共闘会議の有力メンバーもいたため事態は深刻であった。学部の先輩助教授のあとに続いて、寛治も紛争解決に奔走し、1968 年12 月末には封鎖された安田講堂に乗り込み、共闘会議議長の山本義隆らと機動隊導入を阻止するための最終的交渉を試みたが、すでに闘争の実権はセクト諸派に握られており、勢力バランス上、誰も条件付き封鎖解除を言い出せなくて交渉は失敗に終わった。共闘会議に属する学生との交渉で痛感したのは、「東大解体」に集約される純粋で先鋭な主張を唱える際に、学生たちが自己の位置を反省し相対化する姿勢に乏しいことであり、そのために自己を含む大学改革の提起ができなくなっていることであった。

大学紛争は、経済史を含む日本の歴史学研究にも巨大な影響を及ぼした。日本国憲法の基本的人権と戦争放棄の理念を重んずる「戦後歴史学」は、上からの目線で難解な研究成果を民衆に向かって説く自己満足に陥っていると批判され、民衆史を軸とする「現代歴史学」への転換が求められた。寛治は、そうした転換を「戦後歴史学」の全面否定ではなく内在的批判によって行おうとし、1977 年に「産業革命論──民衆重視の視点から」（石井寛治『資本主義日本の地域構造』東京大学出版会、2018 年、所収）を発表した。2 年前に刊行した共著『日本産業革命の研究』（大石嘉一郎編、東京大学出版会）のように産業革命にとって民衆が何であったかを論ずるのでな

く、民衆にとって産業革命とは何であったかを追究しようというその提言はかなりの共感をもって受け止められた。

　しかし、寛治個人の生き方にとっては、大学紛争よりも「教会闘争」の方が、一層大きな意味をもった。大学紛争当時は、日本キリスト教団が信徒個々人に体制に迎合するドグマを押し付けているとの批判が全国的に起こり、寛治の所属する教会でも、教会学校の教師である若手信徒の行動を押さえようとする牧師と信徒の対立が激化した。そして牧師と教会観で対立した寛治は、事実上教会生活に別れを告げ、脱教会的信徒に転換した。

イギリス留学以降の近代主義・社会主義の両面批判

　1977 年 3 月から翌年 9 月まで、寛治は、獨協大学助教授の妻摩耶子とともに、イギリス留学の機会を与えられ、ケンブリッジ大学の中央図書館に寄託されている世界的な貿易商社ジャーディン・マセソン商会の史料を研究し、その成果を公刊した（石井寛治『近代日本とイギリス資本』東京大学出版会、1984 年、石井摩耶子『近代中国とイギリス資本』東京大学出版会、

イギリス、ケンブリッジ大学留学中（1977〜78 年）40 歳前後の寛治

1998 年）。同商会の帳簿の分析を通じて、イギリス商人が詐欺瞞着とは無縁な近代性を備えており、近世日本の特権商人が近代化を阻止する反動的存在だったと決めつける大塚史学の「近代主義」のテーゼに対して大きな疑問を抱くようになった。その経緯については、次節で説明しよう。

　1990 年前後のソ連・中国を中心とする 20 世紀「社会主義」体制の崩壊は、マルクス主義の理論に立つ研究者に大きなショックを与え、山田盛太郎・大塚久雄両氏に率いられた伝統ある土地制度史学会（現・政治経済学・経済史学会）も崩壊の危機に瀕した。かねてより同学会の理事を務めていた寛治は、1990 年 11 月から同学会の理事代表に選ばれ、2 期・6 年にわたって代表を務めた。大塚史学のグループに近い寛治は、共産党の一党独裁を「本物の社会主義」とみなす傾向に対して批判的なスタンスをとっていたからであろう。1990 年代の同学会は、従来タブー視されてきたソ連社会主義の批判的検討を開始し、返す刀で、大塚史学の近代的な人間類型もロビンソン・クルーソーが従僕フライデーを支配している帝国主義的側面を削除した一面性をもつと批判した。

　そうした中で提起されたのが、当時進行中の ME（マイクロ・エレクトロニクス）革命こそが「本物の社会主義」の生産力的基礎ではないかという仮説であった。南克己会員のこの問題提起は、産業革命が資本主義システムを生んだように、情報革命は社会主義システムを生むのではではないかという展望として注目を集めた。だが、情報革命が果たして民衆にとって明るい未来を約束してくれるのかどうかについては南報告は明らかにしていない。新しい技術がどのような社会を生むかは、技術自体が決定するという技術決定論ではなくて、技術を誰が誰のために利用するかによって社会的に決まるという社会決定論の立場からの分析が必要だというのが、大会での南報告に対する理事代表石井の批判であった。その論争が決着しないうちに 2019 年に南克己が亡くなったのは残念でならない。情報革命をめぐる論争で技術と社会の関係を論ずるようになったことは、理系世界

を諦めて文系世界に転じたつもりの寛治がいつの間にか理系の技術問題に出会って考えこまされていることを意味している。理系と文系、これは石井家の場合、子どもそれぞれに担われたかに見えるが、対象は密接につながっているのである。

2.　日本の経済史から世界の全体史へ

石井　寛治

日本蚕糸業史の専門研究者として

東京大学の経済学部と大学院では、山口和雄教授の下で根本資料に基づく徹底した実証研究の方法を学び、それまでの経済史研究が企業内部の経営資料をほとんど利用しなかった欠陥を克服せよと身をもって教えていただいた。また、大塚久雄教授から、マルクスとヴェーバーの理論とその限界について丁寧にわかりやすく教えていただいたことは、その後の寛治の歴史研究の大きな指針となった。

最初に手掛けた実証研究のテーマは、近代日本の製糸業の歴史であった。紡績業と並ぶ日本の産業革命の中心であった製糸業に注目したのは、その発展が必ずしも地主制の支配下にある農村社会を近代化できなかった理由を知りたかったためである。政府は群馬県富岡にフランス式の官営器械製糸場を作り、製糸業の発展を促進したが、富岡製糸場のような大規模工場は、当時の農村の人々には大きすぎたため、全国各地の製糸業は実際には女子労働者十数人という小規模な工場から出発し、その製品は織物の横糸にしか使えない「普通糸」であった。世界市場を制圧するためには、富岡製糸場のように絹織物の縦糸に使える「優等糸」も作らなければならない。日本の製糸家は、「一代交雑蚕種」を含む絶えざる技術革新によって、し

だいに「優等糸」も作れるようになり、1920 年代には日本生糸は世界市場の 80% を独占した。

　こうした発展の理由は、小作人の娘たちが低賃金で働いたためだとされてきたが、寛治は、彼女らを雇う製糸家が、必要な資本をどう調達したかを分析した。すると、驚くべきことに、製糸家は最初の小額の設備資金を親戚の協力で集め、あとは儲かった利益を投資するが、原料繭の購入に必要な多額の運転資金はほとんど持っていなかったことが判明した。運転資金については貿易港横浜の生糸問屋や製糸業地の地方銀行が十分に供給しており、足りない分は日本銀行が供給したのである。競争相手のイタリア製糸業や中国製糸業には見られない日本の中央銀行のこうした積極的金融こそは、日本製糸業の急速な発展の鍵であり、それに支えられて、製糸家は急速に巨大化して養蚕農民を支配し、彼らの近代的発展を一定の限度内に押しとどめた。そのことを強調した寛治の研究は、『日本蚕糸業史分析』（東京大学出版会、1972 年）として刊行され、これが博士論文になった。

イギリス留学で外国商社の研究に没頭

　前述のとおり、1977 年から翌年にかけて、寛治は、妻摩耶子ともにイギリスのケンブリッジ大学に留学し、同大学に寄託された世界的な貿易商社ジャーディン・マセソン商会の史料を研究した。同商会はインドのアヘンを中国に密輸入する商社でアヘン戦争の黒幕であったが、その後多様な商品を扱い、日本の開港時には最大の外国商社として日本貿易を支配した。さらに同商会は、通商条約で禁止されていた国内流通過程への侵入を試み、高島炭鉱への直接投資を行ったが、その経営実態は謎に包まれたままであった。

　同商会の史料は、香港本店や上海支店など各店舗の数百冊の帳簿類と店舗間で取り交わされた数十万通の書簡類からなり、日本の歴史研究者の何名かが調査しようと試みたが、あまりの膨大さに誰も本格的には手を付け

られない状態であった。外国人による研究はもっぱら書簡類を読んで繋げる形をとったため、書き手たる商社員の視点と読み手たる研究者の視点が重なりすぎて客観性が欠けていた。そうした難点を克服するには、基本帳簿の元帳（Ledger）と仕訳帳（Journal）を突き合わせて活動の基礎データを確定し、その上で書簡類を読み込んで分析の肉付けをする手順が必要である。寛治は妻の摩耶子と協力して片っ端から重要事項を鉛筆で筆写し、その成果を前述の2冊の研究書として刊行した。

　その結果、巨大商社を圧倒的に強大な存在とみなす従来のイメージが必ずしも正確でないことが判明したが、その資金力は外国銀行を通じてロンドン金融市場と結びついていたために、彼らが開港場の枠を超えて国内に侵入した場合の衝撃は巨大なものであった。当時の日本最大の近代的生産拠点であった高島炭鉱への同商会の融資は、その危険性を具体的に示すものであり、日本政府は、岩崎弥太郎に頼んで同炭鉱を買収してもらったが、国内流通過程への外国商人の侵入については、通商条約の禁止規定に頼るだけでは防ぐことができず、日本側の貿易商人や金融業者の活躍によって外国商人を開港場内に閉じ込めることに成功した。

　同商社の研究は、寛治にイギリス商人が詐欺瞞着を否定する近代性をもっているという大塚史学の歴史認識に対する疑問を突きつけた。それは、高島炭鉱に投資をして上海への石炭販売を請け負ったジャーディン・マセソン商会が、同商会の上海支店に安く売り付けて上海支店を儲けさせておきながら、高島炭鉱には多大の損失を与えたことが判明したからである。同商会の帳簿は数か月後に数セントの記入漏れが判明すると必ず調査して訂正するという形式的にはきわめて合理的な会計帳簿であるが、秘かに行う店舗間取引を通じて顧客を欺くという実質的には非合理な取引を可能にするものであった。こうした形式的な合理性を通じて実質的な非合理性がまかり通ることをもって近代性を主張するのであれば、それこそ近代主義は自由と平等という普遍的価値の形式を重んじるだけで、実質的には実現

できないとするマルクスの近代批判と一致するが、そうした非合理性はアジア的環境のなせる業であって、イギリス商人の近代性とは無縁だと主張する大塚史学の主張では、近代社会の批判的把握にはならないのである。

もともとイギリス現代史を専門とする妻摩耶子の研究は、ジャーディン・マセソン商会が中国政府に国内流通過程への侵入を最初は拒否されていたのが、1858年の天津条約以降、国内侵入が合法化されて同商会の利益が増えたこと、1870年代までの同商会のパートナーは利益の過半を本国に送金していたことを明らかにしたものであり、従属的発展論の主張する欧米先進国への「富の流出」を企業の帳簿レベルではじめて具体的に実証した画期的な研究であった。このような有力なパートナーが英語に弱い私の実証研究を支えてくれたことは、日本史の研究者として大助かりだった。手書きの英文書簡を最初のうちはさっぱり読むことができなかった寛治にとって、格段のスピードで筆写する妻は最高の英語教師であった。わずか1年あまりの留学期間で、それぞれ高密度の研究書を仕上げることができたのは、妻が得意とする書簡の読解力と私の少しは帳簿を読みこむことのできる分析力との相乗効果によるものであった。

外圧への商人的対応論の提唱

1870年代の日本政府は、外国人顧問たちが異口同音に批判した外資排除政策を頑なに守ったことが明らかになるにつれて、日本が当時の国際社会では異例の自力近代化を行った理由として近世日本内部での商人的蓄積の検討が必要であるとの思いがますます強まった（石井寛治『大系日本の歴史〈12〉開国と維新』小学館、1989年、のち『明治維新史』と改題、講談社学術文庫、2018年）。

寛治が1998年に赴任した東京経済大学では、図書館に京都の両替商万屋甚兵衛家の資料が所蔵されていた。万屋甚兵衛家は、林玲子氏・高村直助氏・末永國紀氏らとの共同研究で調べてきた近江商人小林吟右衛門家の

主要取引先であり、織物商としての小林家は万屋宛ての手形を盛んに振り
出して仕入れ先に支払っていた。織物商として大規模化する過程で、小林
家は大坂・江戸との為替取引をする有力両替商にみずから成長していった
ことも判明した。従来の両替商研究では、三都の両替商は大規模化するに
つれて商人相手の金融サービスをやめて大名相手の活動に専念するため、
支配体制を下から掘り崩す経済発展との関連はわからないと思われてきた。
ところが、三井文庫や大阪大学に所蔵されている大坂の中規模両替商の経
営帳簿を見ると、彼らは取引先商人に今日の小切手にあたる為替手形の振
り出しを認める金融活動を幕末にかけて盛んに行い、遠隔地決済のための
為替手形も扱っていたことが判明した。三井家や鴻池家などは、大坂金融
市場内部と大坂・江戸間で使われる手形の決済センターとして重要な役割
を担っており、そうした為替手形のネットワークが、開港場での日本商人
の活動を支援して、外国商人の内地侵入を防いでいたのである（石井寛治
『経済発展と両替商金融』有斐閣、2007年）。

　この頃になると、近代日本の産業革命における株式会社の出資者の分析
が進み、紡績業や銀行業、あるいは鉄道業や海運業の株主は主として商人
や金融業者であり、彼らの中には三井家や住友家、鴻池家のように近世以
来の豪商も含まれていたことが判明した結果、近世と近代の商人レベルで
の資金的連続性が強調されるようになった。このことは、大塚史学が、一
方では商人資本を歴史における方向決定の主体たりえない「無概念」的な
ものと捉えつつ、他方では特権商人は産業資本の蓄積を抑圧する「反動的」
なものだと規定するという矛盾した把握をどう考えるかという問題を生み
出す。寛治は、商人資本がさまざまな利害と結びつく「無概念」的なもの
ならば、ある日突然自己の蓄積基盤を転換して近代化の推進力に「豹変」
することもあるはずだと主張し、大塚史学のテーゼを批判した。そう考えな
い限り、商人主導の日本の近代化などまったく理解できなくなるからである。
　連続説が必要なのは、1914年当時の民間企業への外資導入額は、日本

国内企業への投資合計の 7% 弱に過ぎなかった事実（石井寛治「明治維新の変革と資本主義の形成」『経済』2018 年 11 月号）が示すように、危険な外資に頼らずに産業革命を小規模ながら遂行できたのはなぜかを説明するためであった。幕末日本は生産面では欧米諸国との間に大きな断絶があったけれども、資金面では先進技術を輸入できるだけの民間の商人的蓄積があり、不足分は政府財政や貿易黒字によって埋められたという「商人的対応」を重視する議論が必要なのである。もっとも、そのためには財政負担が重くなり、輸出増進のための低賃金労働が重視される結果、国内緊張が強まり、それを緩和するための対外軍事膨脹へ向かうので、その分析も依然として重要である。早い話が、日清戦争や満州事変がなぜ起こったのか、それを阻止することはできなかったのかという難問は未だに十分には解決されておらず、日本近代史の正確な共通理解を妨げているのである。

東京大学における日本経済史の盛んな共同研究

　以上の話は、寛治の個人研究に限定され、ほかの研究者との共同研究にはあまり言及できなかった。そこで、寛治を育ててくれた東京大学における日本経済史の共同研究について簡単に述べておこう。寛治が大学院学生であった時期に始まった第一の共同研究は、指導教官の山口和雄をリーダーとする産業金融史の研究グループであり、のちに商品流通史の研究グループへと発展した。近代日本の経済が豊富な低賃金労働に依拠できたのは、その賃労働を捉える資本があったからだという問題意識のもとに、製糸業・紡績業・織物業の経営文書と金融機関の史料を突きあわせる徹底した実証的手法によって山口和雄編著『日本産業金融史研究』三部作（東京大学出版会、1966、1970、1974 年）を刊行したが、この研究グループから私のほかに高村直助（東京大学）、中村政則（一橋大学）、杉山和雄（成蹊大学）、林玲子（流通経済大学）、西村はつ（湘南工科大学）等が育った。つづく山口和雄・石井寛治編『近代日本の商品流通』（東京大学出版会、1986 年）

は、国内市場の展開の日本的特徴を流通史を手がかりに究明する試みで、その後の流通史＝民衆生活史研究の盛況の起点となった。

　第二の共同研究は、1963 年以降、東京大学社会科学研究所の大石嘉一郎が組織した産業革命研究会と帝国主義研究会であり、当時の日本近代史研究のメインテーマの総括を試み、大石嘉一郎編『日本産業革命の研究』上下巻（東京大学出版会、1975 年）と同編『日本帝国主義史』全 3 巻（東京大学出版会、1985、87、94 年）を刊行した。1960 年代初頭の産業革命・帝国主義研究は、関西の研究者が先行していたが、東京大学の大石グループ（中村政則・高村直助・石井寛治・原朗・橋本寿朗・伊藤正直・武田晴人ほか）の共同研究が次々と重厚な研究成果を発表したため、日本経済史の研究は圧倒的に関東の研究者がリードするようになった。

　東京大学経済学部からは、石井寛治と原朗のもとで、多くの日本経済史の研究者が生まれ、文学部では高村直助が鈴木淳（東京大学）や中林真幸（東京大学）らを育てた。こうして東京大学は、日本における近代日本経済史研究の中枢的地位を占めたのである。数量経済史の研究では一橋大学がセンター的役割を果たしていたが、東京大学でも経済学部出身の岡崎哲二が活躍し、アジア初の世界経済史会議を開催する責任者となった。石井と原の東京大学定年退職を記念し、武田晴人（東京大学）が実質的な編集者となって、『日本経済史』全 6 巻（東京大学出版会、2000-2010 年）が刊行されたが、それは東京大学の経済学部・文学部出身の日本経済史研究者の総力を挙げての共同成果であった。武田は在職中多くの若手を共同研究に組織して研究者に育てあげ、自らも日本経済の中核となる財閥研究をリードし、『日本経済の発展と財閥本社』（東京大学出版社、2020 年）を著したのに対して、谷本雅之（東京大学）は、『日本における在来的経済発展と織物業』（名古屋大学出版会、1998 年）を著して、武田と対極的な近代日本経済のイメージを提起した。このような東京大学経済学部の経済史研究が占める中枢的位置は、日本経営史の分野でも、第一世代の中川敬一郎

（東京大学）を支えた森川英正（東京大学大学院卒・慶應義塾大学）、山崎広明（東京大学）、安岡重明（同志社大学）、宮本又郎（大阪大学）らの第二世代に続く、阿部武司（大阪大学）、橘川武郎（東京大学）、沢井実（大阪大学）、粕谷誠（東京大学）らの第三世代がいずれも東京大学の経済史出身者であることが示している。東京大学若手の研究成果の高さは、近年の日本学士院賞を、中西聡『海の富豪の資本主義』（名古屋大学出版会、2009 年）と山崎志郎『太平洋戦争期の物資動員計画』（日本経済評論社、2016 年）が受賞したことによって象徴されている。

　このように、東京大学が日本経済史研究の中枢的地位を占めるようになる勢いに乗って寛治の研究活動も活性化すると同時に、他面では寛治なりに研究者養成に努め、多くの優れた研究者を育てることができた。そのさい寛治の研究上の視野が、外国の歴史研究者との交流の中で深められたことは言うまでもない。米国の Rondo Cameron とソ連の V. I. Bovykin との国際資本移動に関する共同研究からは、日本の近代化が外資に大きく依存していたとの通説の誤りを教えられた。イタリアのシエナ大学と東京大学経済学部の共同研究で、Jiovanni Federico と日伊比較製糸業史の共同執筆を行った経験が、2014 年に富岡製糸場などを世界文化遺産に登録する申請書をつくる上で大いに役立った。韓国ソウル大学の安秉直、中国社会科学院の朱紹文との共同研究が寛治の歴史観に強い衝撃を与えたこと、東京大学経済学部の寛治のところへ来た留学生だけでも、韓国の金洛年、台湾の黄紹恒、中国の楊棟梁・王新生らの諸氏が母国の学界をリードしていることを記しておこう。

日本の経済史から世界の全体史へ

　以上のように、寛治が経営帳簿の分析にまで立ち入って経済史の実証を試みたのは製糸経営、外国商社、両替商の 3 分野の研究に過ぎず、それらの史料を夢中で眺めながら 1 世紀ないし 2 世紀過去の世界の中に時間の経

つのを忘れて没入できた時には、実証の面白さのとりこになっていた。し
かし、単なる個別的な史実の実証だけでなく、発見した史実を広い空間と
長い時間の中に位置付け、事実のもつ歴史的意味を明らかにしたときに初
めて歴史分析と言えるのだとすれば、歴史研究者は歴史の全体像の再構築
を絶えず行うことを求められていることになろう。

　寛治自身の経験では、それは、大学で歴史を学生・院生に向かって語る
場合や、広く社会一般に向けて啓蒙書を書くなかで要請されることが多か
った。拙著『日本経済史〔第二版〕』（東京大学出版会、1991 年）の執筆に際
して古代から現代までの日本経済の総過程を記すという無謀に近いことを
行ったのは、近代についての自分の個別研究の持つ意味を確認するための
作業であった。前述の『大系日本の歴史〈12〉開国と維新』（1989 年）や『日
本の産業革命――日清・日露戦争から考える』（朝日新聞社、1997 年、のち
講談社学術文庫、2012 年）を書いたのも、そうした関心のためであった。
さらに寛治にとって大きな画期となったのは、1999 年の歴史学研究会の
全体会「再考・方法としての戦後歴史学」において、社会史の二宮宏之氏、
国民国家論の西川長夫氏の報告と並んで、「戦後歴史学と世界史――基本
法則論から世界システム論へ」という報告をした時で、対象領域を世界歴
史の総過程にまで目いっぱい拡張することを余儀なくされ、当時出版され
たばかりの『岩波講座 世界歴史』全 28 巻を読み通して議論を組み立てた。

　当時は、ソ連・東欧社会主義が雪崩を打って崩壊しつつあり、マルクス
の社会構成体論が成り立つか否かが鋭く問われていた。『日本経済史〔第
二版〕』では、寛治は 20 世紀社会主義の「初期的」性格を問題とし、ソ連・
中国の「帝国」としての伝統が負の遺産として両国社会主義の政治体制の
近代化を妨げたと説明した。1999 年の大会報告では、マルクスの提起し
た近代に至る社会構成体の諸段階の仮説は依然として有効であるけれども、
21 世紀の未来社会は、巨大な多国籍企業の活動を規制できる国際組織の
活動によって、直接生産者が生産手段の所有を社会的・民主的なかたちで

回復する過程になるだろうと論じた。それは、20世紀社会主義が挫折しただけでなく、20世紀資本主義もまたその歴史的限界を露呈しつつあるという判断に立っての報告であった。

　ところが、21世紀に入ると、社会主義市場経済という形での中国経済の急成長が目立つようになり、中国社会主義がアメリカ資本主義と対抗する世界戦略を打ち出すようになったため、中国はいかなる意味で社会主義なのか、中国社会主義はどのような矛盾を抱えているのかという問題を論じる必要が生じてきた。拙著『帝国主義日本の対外戦略』（名古屋大学出版会、2012年）では、なぜ日本人は満州事変に始まる中国との戦争を防げなかったのかという問題を、日本人ブルジョアジーに着目して検討したが、相手の中国の歴史についてはほとんど論じていない。その寛治が、初めて世界史の中での現代中国の歴史的位置について言及したのは、2013年に中国天津の南開大学での国際シンポジウム「20世紀における東アジア国際関係の変容」の基調講演を依頼された時であった。「個別的価値から普遍的価値へ」と題する寛治の講演の狙いは、現代世界の激しい対立の一因である攻撃的ナショナリズムの歴史を探り、人類はどうしてそれを制御できないのかを考えることであった。

　そこではナショナリズムは近代になって突然出現したのではなく、歴史的には遠く1万年前に始まる農業のための血縁共同体という個別的価値への信仰にまで遡ること、古代哲学・世界宗教の唱える血縁の枠を乗り越えた普遍的価値によって血縁重視の個別的価値を克服しようと、西洋のギリシャ・ローマと東洋の秦漢帝国という古典古代社会が出現したが、それらの普遍的価値にはそれぞれ固有の限界があったために個別的価値を信じるナショナリズムの展開を制御できなかったことを論じた（詳しくは石井寛治『資本主義日本の歴史構造』東京大学出版会、2015年、付論2を参照）。この講演に出席していた中国の若手研究者の多くは賛意を表したが、中年の研究者のなかにはやはり自分の属する国家こそが最高の価値ではないかと

反論する者もあり、中国の愛国主義の潮流の強さを思い知らされた。

　問題は、民衆の幸福という同じ普遍的価値を実現する方法が、西洋と東洋とで大きく異なることであろう。キリスト教の考えは、自立した個人が「下から」自分の権利を主張して「法治国家」を作り民衆の幸福を摑みとるのに対して、儒教の教えは、天命を受けた皇帝が「上から」仁政を行って民衆を幸福にする「徳治国家」を作り、皇帝が天命に背いた場合は革命の対象とされるというものであった。「法治国家」では法という形式的合理性が重んじられ、権力者も法に従ったが、法という形式的平等の下では実質的不平等が横行した。他方、「徳治国家」では形式よりも実質が重んじられたため、法よりも権力者の方が上に立つことが多く、民衆の権利は無視されがちであった。19世紀のマルクス主義は、近代国家の法治主義が保証する民衆の形式的な自由と平等を通じて、実は民衆への実質的差別が生まれていることを鋭く批判したが、20世紀の社会主義国家は、法という形式的合理性を軽視した結果、共産党独裁という一種の「徳治国家」になった。マルクス主義が中国に受け入れられたのは、儒教的「徳治国家」の伝統が格好の受容基盤となったためなのである。

　最近の中国は、かつて天安門広場に毛沢東の肖像画と並んで掲げられていた孫文の肖像画がなくなったことが象徴するように、軍政・訓政・憲政という3段階を経て、やがて中国も「法治国家」になるという孫文流の将来展望が消え去り、共産党独裁が永続するかに見える。しかしもともと中国流の「徳治国家」は、人民こそが権力のあり方を決定する主権者だという観念を前提とするものであった。儒教の核心には孔子の秩序思想と共に孟子の革命思想があることを日本人は忘れがちだが、中国の人びとにとっては当たり前の常識であり、中国の政治は長期的には欧米と共通する民主的な普遍的価値に立脚するダイナミズムを内包している。特異な個別的価値にしがみつき独立の精神を失った現代日本の方が、むしろ将来展望は暗いと言えよう。これからの世界は、形式的合理性のみに偏りがちであった

近代主義と、実質的合理性のみを重んじてきた社会主義とを両面批判する中から新たな普遍的価値への展望を掴まなければならない。これが、キリスト教とマルクス主義の双方に学びながら、いずれにも問題点があると考える寛治の到達した歴史認識である。

四男・石井寛治の略年表

年	月日	事項
1938	2. 3	石井浅八・糸子の四男として出生
1945	5.13	香川県へ縁故疎開
	10. -	疎開先から田園調布の自宅へ戻る
1950	3.31	大田区立田園調布小学校卒業（第22回）
	4. 1	大田区立田園調布中学校入学
1953	4. 1	都立日比谷高校入学
1954	12.19	キリスト教の受洗
1956	4. 1	東京大学文科一類（経済学部）入学
1960	4. 1	東京大学大学院社会科学研究科入学
1964	4.18	大竹摩耶子と結婚
1965	7. 1	東京大学経済学部助手
1966	10.15	共著『日本産業金融史研究・製糸金融篇』（日経・経済図書文化賞）
1968	1. 1	東京大学経済学部助教授
1972	9.30	『日本蚕糸業史分析』公刊
1974	3.20	東京大学より経済学博士
1977	3.25	英国ケンブリッジ大学へ留学（1978年9月まで）
1981	1. 1	東京大学経済学部教授
1984	6.20	『近代日本とイギリス資本』公刊（日経・経済図書文化賞）
1985	4. 1	東京大学総長補佐（1年間）
1990	11.17	土地制度史学会理事代表（2期・6年間）
1991	3.25	『日本経済史〔第二版〕』公刊
1994	4. 1	東京大学経済学部長（1995年9月まで）
	11.10	『情報・通信の社会史』公刊（テレコム社会科学賞）
1998	3.31	東京大学を定年退官（5.- 東京大学名誉教授）
	4.01	東京経済大学経営学部教授（2008年3月まで）
1999	6.24	『近代日本金融史序説』公刊
2001	1. -	社会経済史学会代表理事（2年間）
2003	11. 3	紫綬褒章受章
2007	7.15	『経済発展と両替商金融』公刊
2009	12.14	日本学士院会員（〜現在）
2012	8.10	『帝国主義日本の対外戦略』公刊
2015	2. 3	『資本主義日本の歴史構造』公刊
	11. 2	大日本蚕糸会功績賞受賞
	11.16	共著『近代日本の地方事業家』（企業家研究フォーラム賞受賞）
2018	2. 3	『資本主義日本の地域構造』公刊
2020	4. 1	群馬県立世界遺産センター名誉顧問

第10章　五男・石井章雄
―― 「宮大工」石井家の直系として世界で働く
建築家

1. 田園で遊び回る章雄が都立大工学部で建築家になるまで

石井　寛治

近所で人気者のキーちゃんの成長

　五男の章雄が誕生した 1941 年 5 月 13 日は、長女弘子と四男寛治が誕生した 1936 年と 1938 年の間に開始された日中戦争が長期化し、その打開のために 1941 年 12 月 8 日には米英蘭 3 国に向かって宣戦布告を行うという総力戦の拡大・転換期であった。そのため、敗戦後に入学した田園調布小学校を 1954 年 3 月に卒業するまでの章雄の幼年期は、疎開先の農村での生活においても敗戦後の田園調布での生活においても食料事情がきわめて悪く、健康に育つかどうかはまったく保証できない時代であった。そうした悪条件をはね返して、キーちゃんの愛称で呼ばれた章雄は、兄の寛治や弟の義脩に比べてがっしりとした体格の元気いっぱいの若者に成長していった。1941 年 9 月の第 7 回乳幼児健康審査会において、1 歳に

五男章雄（左）と四男寛治

五男章雄（左）と四男寛治

満たない章雄が「優秀なる発育を示せるは是偏に平素貴下の保育宣しきを得たる結果」であるとして、母糸子が表彰された。兄の寛治が中学2年生であった1952年1月15日の日記には、「弟の章雄は相変らず遊んでばかりいて自分がそんをしてる事をちっとも気がつかない」と、小学4年生の章雄が遊びに夢中で勉強が疎かになっていることを心配している。もっともそういう寛治も、同年7月13日には、「久振りに弟達と昆虫採集に出かけた。今迄一度も行かなかった様な所へも入った。その結果非常に大きな成果があった」と、中学3年生の受験期にありながら、章雄や義脩と一緒に昆虫採集に夢中だったから、田園都市のはずれに位置した条件を活かして自然の中で遊びまわっていた点では章雄と五十歩百歩であった。章雄は、年上の寛治よりも年下の義脩と仲がよく、高校1年生の時の寛治の日記には、「章雄〔小学校6年生〕と義脩〔小学校3年生〕はいつも一緒にいるが、けんかが多くて困る。毎朝目をさますと大抵母の机の上でワイワイやっている。子供ってそんなものだろうか」（1954.1.7）と大人びた観察を記している。

　章雄の遊びは、義脩を伴っただけでなく、近所の子どもたちを巻きこんでいった。外で遊ぶのが好きだった章雄は、わが家で頼まれた買い物などの手伝いは嫌がってあまりせず、そのツケが兄の寛治に回ってくることが多かったが、ある時、近所の親たちが「石井さんの章雄さんは、マア良く出来たお子さんですね。お買い物などを頼むと、必ずハイ！という二つ返事で引き受けてくれます」と褒めているのを聞いて吃驚したものである。

母糸子と五男章雄

誰でもそういった使い分けは多かれ少なかれやっているから別に気にする
ほどのことではないが、章雄のそのような人付き合いのよさは、大きくな
って彼の長所として効果を発揮したように思われる。

田園調布中学・高校での章雄の勉学と都立大の合格記

　遊びが好きで得意なキーちゃんは、勉強の方はあまり熱心でなく、田園
調布小学校から田園調布中学校に進んだ後、1年生3学期末には通信簿の
成績がクラス4番でせっかく「優等賞」をもらったのに（『糸子日記』
1955.3.24）、その後の成績は芳しいものではなかった。そのため、中学校
卒業後の進学先を選ぶ時に、両親はずいぶん心配したようである。1957年
3月9日の高校入試発表に際して、糸子は「章雄が、帰りはおそくなると
云ふので、寛治に見に行って貰ったら、田〔園調布〕高に合格していた。
本当によかった。ほっと一安心した。……主人も大いに喜び、昨日の嵐〔糸
子の弟山﨑新四郎との口論〕は何処かへふっとんだ様だ」（1957.3.9）と記し
ている。この当時の田園調布高校については、田園調布中学校自体の進学

校としての地位が急上昇して、この年も日比谷高校（15名合格）や小山台高校（26名合格）の志願者が多かったため、学内成績の配分上そこからあぶれた者が田園調布高校（29名合格）へ回されるという特殊な状況が存在した。そのため田園調布高校から有力大学へ進むものも多かったことに注意しなければならない。浅八はどういう風の吹き回しか田園調布高校のPTA会長に選ばれ、その影響もあってか章雄に英語の個人教授を行った。章雄の英語の成績は、中学時代に姉弘子から定期的に教わったのが効いて上出来であったが、さらに父親の指導が加わり、学年トップの成績だったという。寛治の手帳には、大学受験直前の高校3年の章雄に数学を集中的に教えた記録はあるが、英語はほとんど教えていないのである。章雄は、英語はできても国語が苦手だったので、「国語のない私立校の理工学部へ行きたい」（『糸子日記』1960.1.16）と言ったが、私学の授業料の負担は貧しい石井家の家計には無理だということで、浪人も辞さずに国公立大学を目指すことにした。

　もともと章雄の将来の夢は、小学生の頃はパイロットだったが、視力の悪化で諦めざるをえなくなり、中学から高校前半までは得意の英語力を活かせる外交官になりたいと考えていた。しかし、寛治は、高校時代の章雄が石膏像を描いた何枚ものデッサン画を見て、そのあまりの素晴らしさに驚き、章雄はもしかすると美術や音楽のような芸術家に向いているかもしれないと思った。考えてみると、わが石井家には「宮大工」の血が流れているとのことなので、章雄はその直系としての生来の建築家なのかもしれないとも思い、章雄に建築学の勉強を勧めたように思う。そうした試行錯誤を経て、章雄は国公立大学の工学部建築学科を目指そうと決心し、受験勉強を行うようになった。

　一浪後の受験期が迫った時期には章雄もさすがに緊張を強いられたようで、寛治の手帳には「章雄はひどくマジメになった。かわいそうみたい」（1961.2.9）と自分の受験経験を思い起こして同情している。この時も合格

しなかった章雄は二浪目の試練を経ることになったが、その苦難を倍加したのが、椎間板ヘルニアの発病であり手術であった。上記手帳の 1961 年 5 月 30 日の項に、「章雄入院。ヘルニア手術」とあり、寛治は翌 31 日に、明大前の井之頭整形外科の章雄を訪ねて、「1 時間おきにシップをとりかえて」(1961.5.31)、一泊したが、「アキオは痛がっている。ブドウとうの注射が中途で故障して困った」(1961.6.1) とあるように、手術は簡単ではなかった。6 月中旬に再訪したときは、「もう大分よくなっていた」(1961.6.10) とあったが、その 1 か月後にも「アキオ、病院見舞にゆく」(1961.7.3) とあり、入院生活は足掛け 3 か月に及んだようである。手術後の身体をコルセットで固定し、身動きもままならぬ状態を堪えねばならない章雄の肉体と精神は、この入院生活を通じて大抵のことなら我慢できる忍耐力を獲得したものと思われる。こうした苦しい体験をともなう二浪目を過ごした結果が、糸子にとっても予想外であった東京都立大学工学部建築工学科への合格であった。

2.　都立大工学部を卒業して清水建設に入社し、建築家として世界で活躍

石井　章雄

大学卒業後、建築会社入社に関する思い出

　都立大学工学部建築工学科を卒業後、社会人としての選択の幅は広かったが、もともと、自分としては総合建築会社の設計部への就職を希望していた。兄 4 人は皆、官公庁と大学に就職済みだったので、民間企業への就職を目指す私は特に彼らと相談もしなかった。ただ、三井建設で働いていた大学の先輩が熱心に入社を勧めてくれたので、就職が決まらない場合はその先輩にお願いしようという気持ちであった。ところが、中学時代の親

友の梅主洋一郎君がすでに大成建設へ就職済みで、彼の母親がいろいろと心配してくれて、「石井君は片親なので入社が難しく、また歳も2年遅れなのでハンデがある。是非ともコネを探しなさい」とのアドバイスをいただいた。そこで、母糸子に土建業界の状況を説明してなんとか探してほしいと頼んだところ、母と同郷で、敏夫兄に楢橋京子姉を紹介した湯藤実則氏の夫人にお願いをしてくれた。湯藤実則氏は当時、日本不動産銀行の頭取を務めており、同行の頭取室へ成績表を持参してご挨拶に伺ったところ、清水建設、大成建設および三菱地所の3社から、希望の会社を選択するように薦められた。そこで、湯藤頭取にどの会社がよいかお尋ねすると、即座に清水建設はどうかとのお話をいただいたので、よろしくお願い致しますと申し上げた。

　こうして、1966年4月1日にめでたく清水建設に入社したのである。2週間の新入社員研修の後、建築部に配属先が決まり、湯藤実則氏が頭取を務める日本不動産銀行の九段下の本店新築工事の現場監督として赴任した。この工事は三菱地所が厳しい設計・監理を行い清水建設が施工を担当したもので、当時は、清水建設としてベスト5に入る素晴らしい大型工事であった。残念なことに設計部に配属とはならなかったが、湯藤頭取の推薦に応えて、人事部が本店新築工事作業所に配属してくれた配慮は嬉しかった。その後、母と私が清水建設の吉川清一社長のご自宅にご挨拶に伺った時に、吉川社長から「自分も設計を希望したのに現場へ回された経験があるが、現場での物づくりは素晴らしい、頑張ってほしい」との励ましの言葉をいただいたことが忘れられない。また、当時、超一流の工事を初めから経験したことは、私にとってその後10年間におよぶ日本国内での建築工事の基本となったと言えよう。

インドネシアでの海外建設事業の展開

　1973年には、清水建設の野地紀一社長が経営方針の重点として、「海外

進出：海外市場への進出を策し、併せて外国部の拡充を行う」方針を打ち
出した。この方針に従い、インドネシアにおいて、1973 年 9 月に、現地
資本との合弁会社、P. T. Dextam Contractors が誕生した。資本金は、清
水建設が 23％、兼松江商が 26％、現地資本が 51％ であった。清水建設側
からエンジニアリング担当の取締役として、土木部の望月輝雄部長（シド
ニー元駐在員）が派遣され、1975 年 6 月に建築系社員が派遣されることに
なり、人事部の面談により期間 3 年の条件で 10 名の中から私が選任され
て赴任し、工事管理、工務、見積り、営業等を担当することになった。赴
任準備のため書店でインドネシア関連の書物を探したが、インドネシア語
学の本が 1 冊あるだけで、同地の案内書は全くなかった。当時の日本にと
ってはそれだけ人気のない国であり、人口の多い主要国では下から 3 番目
に貧しい国であって、特に安全には十分に気を付けるようにと日系企業の
駐在員からアドバイスを受けた。その背景には、1974 年 1 月 14 日に、田
中角栄首相が東南アジア歴訪の最後の国としてジャカルタを訪問した際に、
華僑系や日系の事務所が放火される反日暴動があった。デモの中心となっ
た学生たちは日系企業がスハルト大統領側近や華僑系財閥と癒着している
として暴動を起こしたという。そうした情報もないまま赴任したことを現
地で知って愕然とした。赴任 6 か月後には妻英子と 4 歳に満たない息子の
東太も到着した。ラッキーなことに住まいは、富裕層や外国人が多く住む
住宅街に見つけることができた。オーナーは元バリ島軍司令官を務めた
Yogi Supardi 陸軍中将で、夫婦とも英語が堪能で安心感があった。3 年後
にジャカルタを去る時、お礼とお別れの挨拶に伺った際に、Yogi Supardi
氏の夫人が「hug」をして、「all the best」と声をかけてくれたシーンが
忘れられない。Yogi Supardi 中将は 1987 年から 1991 年まで在日インド
ネシア大使を務め、在任中に大使の招待を受けて五反田の大使館でご挨拶
をすることになる。ジャカルタの住まいは大きな平屋建てで、真ん中が大
きな壁で仕切られており、オーナーと私が隣り合わせで住んでいた。オー

ナーの家には大きなジャーマンシェパード犬がおり、防犯目的で飼っているとの話であった。わが家にも、是非とも犬を飼おうと思い、生後3か月のアメリカ産で証明書付きのボクサー犬を手に入れた。素晴らしく利口でジョンという名前をつけて可愛がっていたが、残念なことに、3年後のある晩、インドネシア人にさらわれてしまった。1977年3月には妻英子がジャカルタで娘を出産して靖子と名付けた。言葉も十分に通じない現地での出産には一抹の不安があったが、状況を考えると英子の勇気ある判断は適切であった。

　さて、私が赴任した時点では、会社はタンプボロン社長（国会議員兼務）以外に望月輝雄取締役（清水建設より出向）、河原取締役（兼松より出向：経理担当）ローカルの取締役2名、石井章雄エンジニア（清水建設より出向）、女性1名（秘書・事務担当）、建築スーパーバイザー2名（住宅建築程度）、運転手1名の計10名の陣容であり、本格的な建築技術のある担当者は私（当時34歳）だけであった。建設事業を展開するには会社の体制づくりが急務であり、人材の確保および協力業者の発掘等が最重要なポイントであった。私にとっては、初めての海外経験であり、言葉も文化もまったく違う国での体制づくりは至難の業であった。貧富の差が激しく特に言葉に関しては教育程度が低く、私の拙い英語も大学卒以外にはほとんど通じなかった。またインドネシアは世界最大のイスラム国で人口の90％以上がイスラム教徒であり、われわれ外国人にとっては文化的にまったく異質な生活を過ごすことになった。そのような環境下でようやくアンボン島生まれのインドネシア大学建築学科出身で優秀な女性エンジニア（Miss Sinda Pupella）を雇うことができ、私の片腕として働いてくれたことで会社の歯車が動きだした。将来アメリカなどの先進国で活躍するためには英語力が大事なため、オーストラリア人に自前で毎週個人レッスンを受けた。一方、日常生活のためにはインドネシア語が必須であり、読み書きを含めた言葉の習得には多くの時間が必要だが日常会話は4か月程度で習得できた。発

音も単語もシンプルで、語源はマレー語と同じようである。

ヤマハ楽器製造工場新築工事のトップダウン営業による受注

　1976 年 1 月には、ヤマハ・インドネシア楽器製造工場の新築工事を受注した。この工事は初めての入札案件で日系同業他社との競争であったが、見積提出時には 2 番札であった。現地での交渉の段階では不利なことが、野地社長に報告され、日本でも営業展開がなされた。社長はすぐに吉野照蔵名古屋支店長に、浜松に出向いてヤマハの川上源一社長に会い、お願いするよう指示した。業者決定日の午前にようやく川上社長とのアポイントメントがとれ、急遽、吉野支店長が面談して、強くお願いをした。川上社長はその場で担当者を呼び、清水建設とコストダウンの方法等をよく打ち合わせてお願いするようにとの指示を出した。トップダウン営業で逆転受注が決まった瞬間である。担当者レベルでは他社に決まり、すでにその業者に通知がなされ、当日は同じヤマハ本社に約 5 名が打合せおよび挨拶にきて待機している状況にあった。

　さらに引き続き、旭硝子の現地法人である、P. T. アサヒマス 2 期工事の入札引き合いがあり、1 期工事施工者の竹中工務店との熾烈な競争となった。その結果、当社の受注が決まり多忙な年になった。ほぼ同じ時期に 2 つのプロジェクトがスタートするため、急ぎ施工体制を確立するとともに、江幡肇作業所長を含め、5 名の社員が日本から派遣され、ローカルスタッフの増員も行った。現場がスタートすると、工事管理、原価管理等のシステムも書類も不十分であり、体制づくりは多忙を極めた。同時に施工準備も進めたが、現場はインドネシア語だけが通じる場所で、新しく派遣された現場担当の日本人は意思の疎通がまったくできず多難な毎日であった。

国際入札でのタンジュンプリオク港拡張計画の大型土木工事受注

1977 年にはローカル公共工事案件、日本政府の無償援助案件および民間工事案件等にも応札を始め、受注につながるケースが増えつつあったが、施工の段階での技能の低さと能率の悪さに悩みながらの施工管理で「体力勝負」の日々が続いた。1978 年も受注は順調で、2 月には初めての国際入札（世界銀行の融資案件）として、かねて応札中であった、タンジュンプリオク港拡張第 2 期工事という大型土木工事の受注にこぎつけた。請負金は約 30 億円で、当時、清水建設の手持ち工事としては東南アジア最大の工事であった。ちなみに工事の規模は全長 360 mの埠頭と 3 棟の倉庫新設および付帯設備等を工期 36 か月で完成するというものであった。見積書類の提出先はタンジュンプリオク港の海運局であり、提出に行く途中、交通渋滞で車では間に合わないと判断し、通りがかりのモーターバイクの後部座席に飛び乗って、提出時刻に間に合ったが、数社は締め切りに遅れて応札ができなかった。海運局の提出会場には日本の大手業者も数社応札していたが、その中に熊谷組海外担当の山本純敬氏（寛治兄と田園調布小学校の同期生）がおり、10 年前に八幡製鉄所君津工場で偶然出会って以来の再会であった。

この世界銀行融資案件の受注が決まった時点で、私のインドネシア在任期間も 2 年半が過ぎており、任期満了まで半年となっていたので、折を見て、帰国の打診をする腹づもりであった。ところが、現場の配員として、建設所長、事務長、土木工事主任の 3 名が日本から新たに派遣されることになったが、建設所長は海外経験がまったくなく、土木工事主任は 20 歳台後半で経験が十分でなかったので、急遽、全体のとりまとめも含めて私が副所長に任命されることになった。さらに、サブスタッフとしての対応および輸入資機材の通関業務のためニュージーランドより、Mr. Maxwell Davis を雇用して大変効果をあげた。彼のサブスタッフとしての仕事は、

メインの通関業務のほかに定例会議等の議事録のとりまとめや、私が作成したビジネスレターの原稿を添削することであり、それを秘書がタイプライターで打ち出した。彼のサポートは大きく、3 年間で 1,500 通に及ぶレターの作成を手伝ってくれたことは、私にとって格好の "On the Job Training" であり、その後の仕事に大きく役立った。特に土木建築工事においては専門用語が多々あり、通常の辞書では役に立たなかった。その後は、工程通りになんとか完成にこぎつけた。私は無事にジャカルタでの大役を果して帰国することになり、2 週間の休暇を得て米国シカゴ在住の楢橋敏夫兄、京子姉を訪問しようと、航空券を購入して 2 週間後の 1981 年の 12 月初めにはインドネシアを出発する準備を進めていた。

マレーシアのルックイースト「東方政策」下での活躍

ところが、突然、同年 11 月下旬に清水建設海外本部の山野信行取締役から、インドネシア営業所の田村晴彦営業所長に電話があり、マレーシアの「クアラルンプール（KL）で PNB（Permodalan Nasional Berhad, 国営投資会社）本社新築工事を受注した。1982 年 1 月に着工を目指して準備中なので帰国休暇予定の石井章雄を年末まで応援に送り込んでほしい」と連絡してきた。海外本部からの指示なので断れないとの思いから、休暇をキャンセルして急遽クアラルンプールに出向いた。そこでできる限りの準備・手配を済ませた上で、1982 年の新年は既に帰国済みの家族となんとか日本で過ごすことができた。1 か月弱のクアラルンプール在任中にも「偶然の出会い」が 2 度もあり忘れられない。初めての国での工事であり、様々な建築に関する規則・情報等を入手するために、市役所 1 階で案内版を確認していると、隣にも同じ色のパスポートを持った人が見に来たので、日本人かな？と覗いてみると漢字で名前が記載されており、見たことがあるような顔つきであった。驚いて声をかけると、なんと小学校時代の同級生である出口尚武君と判明してお互いにびっくりした。彼は JICA（ジャイカ）

166

マレーシアに建設した超高層
ビル（1980年代前半）

の、ODA関連の調査を目的としてクアラ
ルンプールに滞在中であり、実に28年ぶ
りの出会いであった。もうひとりは熊谷組
の山本純敬氏であり、タンジュンプリオク
港の海運局での再会につづいて、当地のホ
テルのロビーで出会うという3回目の偶然
で、クアラルンプール事務所へ出張中との
ことであった。さらに、もうひとり、この
再会は偶然ではないがYWCAの仲間と旅
行中の寛治兄の妻、石井摩耶子姉にフェデ
ラルホテルのプール脇でコーヒーをご馳走
した楽しい記憶がある。

　さて、本件は、マレーシアの第4代マハティール首相が主導するナショ
ナルプロジェクトの一環であり、1981年の初頭から、首都クアラルンプー
ルで次々と大型プロジェクトの入札が始まっていた。それらは、同首相が
提唱した「ルックイースト政策〔東方政策〕」であり、日本や韓国の発展
モデルに倣った近代化促進政策であった。当社はマレーシアで強い営業力
を持つ川鉄商事と組み、PNB本社新築工事の入札に取り組んだ。工事規
模は地下4階、地上42階の当時マレーシア第一の高さ（180ｍ）を誇る超
高層ビルを工期30か月で完成させるため、多くの技術的な工夫を盛り込
んだ工法を提案すると共に、精力的な交渉の結果、受注に結び付いたので
あった。清水建設の親会社でも日本での超高層ビルの実績はその時点で最
高28階建てであり、本件はそれを上回る超高層建築で、請負金額も150
億円に達した。工事の準備にあたり、労働力および協力業者の確保、資機
材等の建設市場での確認が当初の大事な仕事であり、特に協力業者の発掘
には電話帳のイエローページで建築関連の業者を探して電話をかけまくっ
た。特殊な工事に至っては材工とも日本から輸入して調達する必要があり、

全体工程の立案に多大な影響を及ぼした。配員を決めるに際しては、私が英語およびマレー語の2か国語を駆使して応援した時の活躍ぶりが評価され、山野取締役の指名で建設副所長に任命されたため、マレーシアは2回目の海外赴任となった。ただ、妻と相談したが、子どもが友達と別れるのは嫌だとのことで、とりあえず単身赴任となった。クアラルンプールの位置は赤道直下に近く猛暑に悩まされたが、工事はほぼ順調に進み、2年半の工期で引き渡しができる見通しになり、最終的には2週間早く竣工して2,000万円の報償金を受け取った。これは契約上に早く引き渡しができれば、期間に見合った報償金を発注者が支払うというボーナス条項があり、一方で、竣工が遅れた場合は履行遅滞の違約金をはらう条項がある。契約交渉時に要望した結果が功を奏したものであった。また、これは横山一男現業長以下、係員の努力の賜物でもある。「頑張れば出来る！」という一面をマレーシア人に示した結果でもあり、私の長い現場経験でもボーナス条項で報償金が支払われたことは本件以外いままでに一度も聞いたことがない。受領したお金は社員には分配されずに会社の利益となってしまった。

　さて、上記の工事にあわせて現場以外の拠点として1981年にマレーシア営業所が設立されていた。また、今後は民間の一般案件が予想されたため、現地法人の設立計画が進められていたが、ちょうどタイミングよくマハティール首相より、マレーシア都市開発省の関連会社であるパレンバ社との合弁会社設立が提案された。当時のパレンバ社の社長は後に財務相となるダイム・ザイヌディン氏であった。交渉は順調に進み、1982年2月にダイム社長を東京の本社へ迎えて合弁会社設立基本合意書に調印、野地会長、吉野社長が出席し、シミズ・パレンバ社が誕生した。一方、現地法人パートナーであるパレンバ社からも、同社が関係している開発案件の計画への協力と、設計および施工への参画が次々と要請された。その中にクアラルンプールの郊外にゴルフリゾート「（仮称）ピルモアゴルフリゾートプロジェクト」を新設する計画が着々と進んでいた。36ホール（2か所

の 18 ホールコース）のゴルフ場はアメリカの有名なゴルフ場設計家ロナルドフリームが設計し、約 8,000m^2 のクラブハウスと 250 室のホテルは清水建設が設計した。最終的に施工者はスポンサーの清水建設および熊谷組・三井建設のジョイントベンチャーとなった。当初、スポンサー会社の清水建設から土木部の建設所長が派遣されることに決まっており、ビザの手続き等を進めていたが、コンサルタントにアメリカ人が常駐するとの話が伝わり、急遽、建設所長に英語が達者で経験豊富な私が任命された。ハリム空港の近くに位置した広大なヤシ林とゴム林を切り開いての工事であった。1983 年末に着工し、ヤシ林に生息するコブラに悩まされながら 2 年の工期で 1985 年末には完成し、「サウジャナゴルフ＆カントリークラブ」と名付けられ世界 TOP100 にランクインする名門コースとなった。メイバンク選手権が開催される名門中の名門である。また、人生初のホールインワンを、自分がつくった 15 番ホールで達成できたことも忘れられない。1982 年の後半からマレーシアの国民車工場の計画が始まり、三菱自動車が経営参画と技術供与をすることになった。これもマハティール首相の「ルックイースト」政策の一環である。1983 年半ばには工事が着工し、そこでつくられたマレーシア初の国産車は「プロトンサガ」車と名付けられた。マレーシアには 1984 年当初の繁忙期に 50 名強の日本人社員が派遣されていたが、その後、開発案件も民間案件のヤオハンデパート内装工事、シャープ工場新築工事等と少なくなり社員数も 10 名以下となった。

　いよいよ帰任のタイミングと判断して、上司には 1986 年初めには帰国したいとの希望を伝えていたが、またもや人事異動があり、本社から1986 年 6 月 1 日付で「マレーシア営業所長に任命する」との辞令を受け取った。昇進する話であり、いろいろと悩んだ末に拝命する決断をした。営業所を引き継ぐ前の 1985 年の時点では、手持ち工事も少なく、マレーシアは不況のどん底にあり、残工事の処理を育ててきたローカルスタッフに極力任せ、コストのかかる日本人社員は順次帰国させ 6 名程度の社員と

なった。新規案件もなく、さらに完成工事未収入金が多々ありキャッシュフローが悪化する一方で、マレーシア営業所は開設以来、最悪の経営状況にあった。

ところが、この時点での世界経済に目を向けてみると、1985年9月22日に「プラザ合意」がなされた結果、1986年には急激な円高ドル安が進行した。そこで、日本企業の中には円高の悪影響を回避するために、生産拠点を労働力の安い東南アジアに移し、現地生産を進める企業が続出した。それを受け入れようとマレーシアは工業団地およびインフラ等の整備をすすめ、タイ国とともに外国企業から人気がある国のひとつとなった。ここで出番となった清水建設は営業のネットワークを最大限利用して私の在任中（1986-1991年）に工場・倉庫棟の新設工事だけで20社から33棟を受注した。

特筆すべき工事の受注としてキヤノン・マレーシア工場の受注がある。1988年（第一期工事）、1989年（第二期）、1990年（第三期）と立て続けに発注があったが、キヤノンとは国内ではほとんど付き合いがなかったが海外で受注したもので、その後の中国での工場建設工事および、国内工事の受注へと繋がっていった。この成果に対して本社から優秀工事表彰を受領し、得意先からはキヤノン高級カメラをいただいた。

さて、その後の5年間（1987-1992年）は日系企業を中心に受注が続き、その間の主要な得意先はシャープ、松下電器、ソニー、三菱電機、デンソー、花王、不二製油、カシオ計算機、タナシン、日本エレキ等の大手企業で、全国の工業団地に工事が展開された。その他に、建築工事として、LOT10ショッピングセンター（伊勢丹）、コンレイ・コンドミニアム、OBDガーデンタワーコンドミニアム新築工事、土木工事としてマレーシア南北高速道路工事、スンガイトレンガヌ架橋工事、スンガイサントボン架橋工事等の工事があった。私自身は契約先への挨拶、現場巡回、会議への出席、地鎮祭、立柱式、棟上げ式、竣工式等の式典への出席や、夜の接待等で超多

忙を極める毎日であった。もともとお酒が飲めない体質であったため、日本企業への対応は私にとっては大変辛いことであった。その点ではマレーシア人はイスラム教徒なのでお酒は一切飲まず対応が楽であった。また地鎮祭と竣工式はほぼ必ず行われる式典であったが、清水建設施工の国民車工場であるプロトン社「エンジンパーツ工場」が1990年に着工した時の地鎮祭には、マハティール首相が主賓として出席され、前歴が医師であるにもかかわらず掘削用重機のドラグショベルを自ら運転して地鎮祭を執り行ったが、その時のハンドルさばきは見事なものであり拍手喝采であった。また1991年には今村治輔社長が訪馬されて、マハティール首相に表敬訪問される機会があった。結果として1987年から1992年までは清水建設の歴史におけるマレーシアでの仕事の最盛期とも言える実績をあげた。マレーシアは英語圏で教育程度も高く、安全で物価も安く、東南アジアでは住むにはベストな国と言える。1991年7月1日付で私はマレーシア営業所長を解任となり三木武夫（都立大学工学部建築工学科出身で1年後輩）に引き継いで海外本部営業推進部長として9月に帰国した。

米国でのバブル期開発事業の整理

1991年9月に日本へ帰国した後は、シンガポールの超高層ビルリパブリックプラザ計画（高さ280メートル）の技術および営業面のとりまとめに従事していたが、1992年1月中旬になると、突然、「2年の期限付きで米国に赴任して開発事業整理の仕事に従事してほしい」との辞令を受けた。肩書は海外本部米州営業部長で3月1日付であった。先進国での2年間の期限付きで最後の海外赴任になるだろうとの思いがあった。ここでまた、妻英子と相談したが、残念ながら子どもたちが一緒に転勤できる状況になく期間も2年間なので単身赴任となった。また、赴任先での上司は冨士原由夫米州総支配人であり、名前はかねがね伺っていた都立大工学部建築工学科の3年先輩で、一緒に仕事ができることは楽しみであった。

　3月後半になると早速、総支配人以下の特別チームが、引継ぎおよび案件の精査確認のために日本を出発した。ニューヨークに到着すると、弘子姉の次女であり留学中の「ゆりちゃん」が遠路はるばる出迎えに来て市内の案内役を務めてくれたことも楽しい思い出である。その後は本社で時差ぼけと闘いながらの引継ぎ後、米国本土に散らばっている当社保有の30件以上の案件を順次、東部より西部へと視察を進めて、ロサンジェルスに到着した。折しもロドニー・キング殴打事件に端を発した大暴動の直後であり、特に韓国人街では放火による焼け跡から煙が立ち昇る凄まじい状況であった。米国本土の案件をつぶさに視察した結果、ニューヨークからロサンジェルスへの本社移転が検討され、重要案件が西部地域に多くあること、ハワイにも重要案件が多く、ハワイと東部地域の中間点でもあること、また、時差の関係で日本本社との連絡にはロサンジェルスがよいとの判断でこの地に本社を移すことになった。この様な状況に至るまでの経緯は、概略次の通りであった。

　1984年11月にアリゾナ州フェニックス市のパラダイスヴィレッジ・オフィス開発プロジェクトをきっかけに、清水建設の海外開発事業は、1985年の「プラザ合意」後の急激な円高と、その後のバブル景気による資金余剰などを背景にジャパンマネーが対外不動産投資を拡大していったのと歩調を合わせて、その取り組みに拍車をかけていった。1990年3月末時点で欧州、豪州、米国、アジアの海外金融子会社を通じた海外開発事業会社への貸付金残高は数百億円を超えて同時期の清水建設本体の借入金残高の3分の1を超える規模にまで拡大していた。しかし、清水建設が海外開発事業を拡大する中、80年代後半から既に世界的な不動産不況は密かに進行しており、90年代になると清水建設保有の案件でも財務体質の脆弱な現地パートナーの経営破綻、案件そのものの運営赤字による追加資金拠出などが表面化しはじめていた。

　国内外での不動産投資、開発事業への投融資の増大に対応するため、設

置された「投資審査室」の指示のもと、1991年初頭から海外案件の現状調査に着手し、同年10月には調査を終えた。この調査結果を受けて財務部門が対策案を経営トップに緊急提言した。この時点で「世界的な不動産不況の回復には、かなりの長時間を要すると判断して無為に市況の回復のみに頼らずグループ全体の健全化を図る」ことを第一とする経営判断にて、海外開発プロジェクトからの全面撤退の意思決定が最終的に下されて取締役会で可決された。米国の開発事業整理は、規模の小さい英国、欧州、豪州の整理が一段落するのを待って1993年2月から本格的に開始される予定となった。米国の開発件数は30件を超えており、ハワイ、ニューヨーク、フロリダ、アリゾナ州まで展開されていた。特に名門の高級ホテルは13件のホテルの内、9件（リッツカールトン6件、ハイアットホテル2件、ハワイフォーシーズンズ1件）もあった。これらの整理を1993年度中に完成するため、全面的に総がかりで一気に解決することが求められた。そのために、冨士原総支配人が率いる海外本部米州事業部の社員が1992年の当初より各案件の経営内容の緻密な確認、改善等を進め、さらにパートナー、商社、銀行、弁護士、会計士等との事前の交渉も進めてきた。

　本件の対応には40名を超す社員が新規に投入されたが前任者はほぼ全員交替した。今後の整理にあたり前任者では、今までに苦労をして育ててきた思いがあるためハードな交渉が期待できないとの判断によるものであった。特別チームのメンバーにとっては、初めての国で、不動産を取り扱う未経験の分野での交渉であり、さらに開発専門用語や弁護士の使う特有の用語等に悩まされた至難の日々であった。1993年2月に冨士原総支配人をトップに財務等の幹部がロサンジェルス事務所で一堂に会し、部門を越えたタスクフォースが組織された。この会議において、整理の方針、具体的順序、それぞれの役割分担が決定されるとともに、個別プロジェクトの処理方針が検討および決定された。この方針に基づき、社員が各地に配置され、交渉がスタートした。この方針は3月末に取締役会で可決され、

1 年間に及ぶ整理作業が進み、1994 年 3 月までにほぼ半数が第三者に売却され、数件が清水建設単独で事業継続とし、残りは新設子会社が持ち分を取得し事業を継続することになった。その結果、1994 年 4 月末の取締役会で米国での特別損失額が確定したことが報告された。

　その後、米州総支配人が率いる特別チームは解散して帰国の途についたが、仕事の面では厳しい 2 年間であった。ただ、チームの面々は酒豪揃いであり、酒が飲めない私もすっかり訓練されてワインを楽しめるようになったことは、忘れられない思い出となった。私の処遇に関しては、またハプニングが起こり残留することになった。クアラルンプールで私の後任となった三木武夫は 1 年後にロサンジェルスへ転勤となっており、彼がロサンジェルス事務所を引き継ぐ予定であったが、急遽、中国の上海ヤオハンデパート新築工事の建設所長として転勤する旨の辞令が出たため、冨士原総支配人から「石井君、もうしばらくたのむよ！」との話で私が引き継いで残留することに決まってしまった。ちなみに、事業継続となったハワイのフォーシーズンズは素晴らしいホテルであり、今村治輔社長のお気に入りでもあったため、売却されずに保有されていたが、ある日、社内で打ち合わせ中に、「Mr. Ishii, call for you.」との連絡が秘書からあり電話に出たところ、相手はなんとドナルド・トランプ氏で、ハワイのフォーシーズンズホテルを是非とも売却してほしいとの依頼であり、1 週間後に返事をすると伝えた。1 週間後にはトランプ氏の秘書から電話を受けたが、売却しない旨を伝えておしまいとなった。ただ、当時すでにトランプ氏は不動産王であり目が高いと思った記憶がある。この物件は約 20 年後に売却されたが、期待通りの成果を上げた。

米国での本業「建築事業」への回帰

　一方、建築事業は日本におけるバブル崩壊が加速して、日系企業がそのあおりで米国での投資を手控えて 1992 年および 1993 年の売上高も年平均

で7,700万ドルとなり、米国の受注環境もますます悪化した。1994年1月には、海外本部の組織再編がなされ、少数の副本部長を置き、海外営業所を直轄管理する体制となった。これを機に私がシミズ・アメリカ社6代目の社長に就任した。同時にシミズ・カナダ・エンジニアリング社（トロント市本社）およびシミズ・メキシコ社（メキシコシティ市本社）の社長も兼任となった。1970年に設立されたブラジルの現地法人であるシミズ・ド・ブラジル社（サンパウロ市本社）も米州事業部の傘下となり、私の管轄下となった。米国ではこの年の中頃から少しずつ景気が上向きはじめ、東部地域で案件が多くなったが、厳しい競争を強いられた結果、薄利での受注となった。この年の1月17日の朝方、午前4時30分にノースリッジ地震（ロサンジェルス地震）が発生した。マグニチュード6.7であり14.6kmと極めて浅い震源であった。フリーウェイと称する高速道路が崩壊する等の多大な被害が発生した。当時はハリウッドに近いセンチュリーシティの木造4階建てのコンドミニアムに住んでいたが、その後の調査で構造的欠陥が見つかり補修工事のため、約2か月間の仮住まい生活を強いられた。偶然にも翌年の同じ日となる1月17日には、日本で阪神淡路大地震が発生し、高速道路やビルが倒壊しさらに火災も発生して甚大な被害を被った。

　さて、1995年4月になり海外事業は再度の組織変更で海外事業本部となり、本業回帰を目指して世界を5極（米州、欧州、東南アジア、東アジアおよび南西アジア）に分け、副本部長が各拠点に常駐することになった。米州事業本部では4月1日付で私が副本部長に昇格して引き続き指揮を執ることとなった。目標として各部門の自立が必達となった。ただ、この年のシミズ・アメリカ社の決算は前年並みで厳しいものがあり、経営を圧迫したので拠点の見直しをして小さなオフィスを目指し、ロサンジェルス、ニューヨーク、アトランタおよびポートランドの4拠点の「文鎮型」とした。なお、事業本部の定例会議が東京本社で毎月開催され7-8日間は日本への出張を余儀なくされた。この他に日系顧客の日本にある本社訪問の回

数も増え、利用する航空便
ANA のマイレージも数十
万マイルとなり、プラチナ
クラブのメンバーとなった。
このメンバーは ANA 乗客
者数の 2% 以下の乗客に与
えられ、この特典によりビ
ジネスクラスからファース

受注したヤザキ・ノースアメリカ本社ビル

トクラスにアップグレードされ、疲れが癒されるとともに特別サービスを
楽しめた。

　1996 年も多難な年であったが、米国の景気は順調に回復してきており、
大型工事を受注して売上高もようやく 1 億ドルの大台に達して決算も回復
基調にあり多少とも明るさが見えはじめた。さらに日系企業の動きも活発
となり、シミズ・メキシコ社およびシミズ・カナダ・エンジニアリング社
の受注が相次いだ。南北アメリカ大陸での主な工事として、シャープ・ロ
サンジェルス支店新築工事、日本重化学工業のノースカロライナ工場新築
工事、矢崎総業アトランタ工場第 3 期工場、松下電産 DVD 工場内装・設
備工事およびトヨタ・カナダ・プレス工場 2 期工事等がある。

　1997 年は前年度および当年度の大型工事の受注で多忙な年となった。
売上高も 1 億 200 万ドルと大台を維持し順調であった。主な工事は、ユニ
デン・サンディエゴ研究開発センター新築工事、ヤザキ・ノースアメリカ
本社ビル新築工事、日清紡ジョージア工場新築工事、東レカーボンファイ
バー工場新築工事等であり、特別の大型工事であった。

　私は顧客への対応、現場訪問、拠点の訪問、発生する諸問題の解決等で
超多忙であり、ロサンジェルス事務所の自分の席に座るのが週 1-2 日程度
になる状況であった。また、本業とは別に清水建設が株式を保有（49%）
している建築会社であるデリンハム社の取締役を宮崎孝直事務長とともに

務めており、少なくとも月1回程度は取締役会等への対応のため、デリンハム社本社があるカリフォルニア州プレザントン市（サンフランシスコから車で数時間の距離）に1泊2日での出張があった。デリンハム社は売上高が年間1,000億円ほどであり、全米で22位程度にランクしていた。取締役会等に出席することで勉強になることが多々あったが、最終的には売却された。シミズ・アメリカ社は1998年も売上高は1億2,900万ドルとなり、米国へ赴任して以来、本業の建築事業に回帰後の最高額であった。1999年も多忙を極める日々となったが、ブラジル社、シミズ・カナダ社、シミズ・メキシコ社とともに、広大な米国を飛び回っているうちに、積み重なる疲労と時差が自分の体を痛めはじめ、しばしば耳鳴り、めまい、吐き気等が出はじめたため、町医者を訪れると「メニエール病の心配があるので、専門医に診てもらいなさい」とのアドバイスを頂戴した。管理職定年の時期（5月13日）も近づいており、体力の限界かなと思いつつ本社への帰任を打診しておいた。専門医についてはシカゴ在住の楢橋敏夫兄に電話で事情を説明し紹介をお願いした。数日後に、UCLA Medical Center の Dr. Baloh を紹介してくれた。デトロイトにも建築工事があり、1997年の後半には矢崎総業の大型工事もあり、近くのシカゴに多々訪れる機会があったので、敏夫兄・京子姉の自宅を訪問しては再会を楽しんだ。敏夫夫妻の自宅はジョン・ハンコック・ビルの79階にあり、ミシガン湖を見下ろす素晴らしい景観を楽しむことができた。ちなみにこのビルは100階建てで、屋上の高さは344mにも達していた。さて、Dr. Baloh の診断を受けると「メニエール病ではなく、平衡感覚を伝える機能が炎症している」との結論であった。対処療法は特になく疲労とストレスには十分に注意するようにとの説明を受けた。

　1999年8月1日付で管理職定年となったが本社の人事異動は既に早い時期に決まっていたため、「国際業務室主査」との肩書で8月24日に帰国してリハビリに努めた。階段を下りる場合には手摺りを摑まないと安全に

下りることができない状態であったが、ストレスフリーの生活を続けた結果、3か月後には耳の症状も完治し、階段も自由に上り下りができるようになった。東京での生活にも慣れて1年以上が過ぎたころに、人事部より連絡があり、子会社の株式会社シミズ・ビルライフケア（S·BLC 社）が、外資系企業担当のプロジェクトディレクターとして働ける人材を探しているとの打診があった。早速、塩谷平八郎社長との面談になり役員待遇としてすぐにでも移ってほしいとの話で、2000 年 12 月 1 日付で入社が決まった。同年 11 月 30 日には清水建設を退社して通算約 25 年間を働き続けた「海外の建築家の人生」に終わりを告げた。

株式会社シミズ・ビルライフケアでの新しい働き

　S·BLC 社は改修工事を専門に行う会社である。入社は、外資系保有不動産の改修工事が潜在的に期待される時期であり、新規に発掘を目指すポジションを任された。25 年も海外工事に携わったため、新しい日本の環境に馴染むにはかなりの時間を要したが、幸運にも人脈に恵まれ、役員定年までの 3 年間で十分に誇れる実績を挙げるに至った。その後の処遇は社長との面談となり、事前に準備した実績を示して交渉し、提示された金額を十分に超えた年俸を確保できた。緻密な実績記録が功を奏したと言える。契約期間も 1 年間とし毎年更新する条件とした。多いときには 150 件を超える新規案件を確保し、受注した件数は 90 件を超えた。打率でいえば 6 割を超えた。この繰り返しが続き、2018 年 9 月末に退社までの 18 年間を働きつづけて、レジェンドとのあだ名を頂戴して気持ちよい日々を過ごした。入社前および入社後の数か月間は、清水建設の外資営業部長である横山一男氏に大変お世話になり、彼の存在があって私の S·BLC 社での活躍ができたと言えよう。改めて厚くお礼を申し上げます。

五男・石井章雄の略年表

1941	5.13	石井浅八・糸子の五男として出生
1945	5.13	香川県へ縁故疎開
	10. –	疎開先から田園調布の自宅へ戻る
1954	3.31	大田区立田園調布小学校卒業（第26回）
	4. 1	大田区立田園調布中学校入学
1957	4. 1	都立田園調布高校入学
1962	4. 1	都立大学工学部建築工学科入学
1966	4. 1	清水建設株式会社入社
1969	11.30	武本英子と結婚
1972	3. 1	妻英子、長男東太を出産
1975	6. 6	インドネシア赴任（現地法人へ出向）
1977	3.20	妻英子、長女靖子を出産
1978	5.10	タンジュンプリオク港増設工事（建設副所長）
1981	12. 3	日本帰国
1982	1.29	マレーシア赴任（PNB本社新築工事副所長）
1983	11. –	サウジャナゴルフリゾート建設所長
1986	6. 1	マレーシア営業所長
1991	7. 1	日本帰国（海外本部営業推進部長）
1992	3. 1	アメリカ赴任（海外本部米州営業部長）
1993	11. 1	海外本部米州事業第2部長、兼ロサンジェルス営業所長
1994	4. 1	ロサンジェルス営業所長、兼シミズ・アメリカ社社長、兼シミズ・カナダ・エンジニアリング社社長、兼シミズ・メキシコ社社長
1995	4. 1	海外事業本部副本部長、兼ロサンジェルス営業所長、兼ハワイ営業所長、兼シミズ・アメリカ・コーポレーション社長、兼シミズ・カナダ・エンジニアリング社社長、兼シミズ・メキシコ社社長
1999	8. 1	日本帰国（国際業務室主査）
2000	11.30	清水建設株式会社退社
	12. 1	シミズ・ビルライフケア入社（Project Director）
2018	9.30	シミズ・ビルライフケア退社

第11章　六男・石井義脩
——過労死対策等を推進した労働者保護政策行政官

1.　敗戦前夜に生まれた義脩が東大理科二類に合格するまで

石井　寛治

敗戦を挟む生活難のなかで逞しく育った六男義脩

　1957年8月17日の母糸子の日記は、満13歳の誕生日を迎えた六男義脩について、「終戦の前年に生れ、空襲におびえ、それでもどうやら母乳でよく育った」と感慨深げに記している。1944年8月17日に田園調布で生まれた六男義脩は、同年11月19日のB29大型爆撃機88機による東京空襲の開始以降、連日のような激しい空襲のもとで生きなければならなかった。田園調布の石井宅の下の庭には2か所の防空壕が掘られ、空襲警報とともに家族は壕に入って息をひそめて焼夷弾の落ちないことを祈った。不思議なことに父親の浅八だけは家屋の中に留まり夜間は布団をかぶって寝たままであった。家屋同士が離れている郊外の田園調布は、空襲の効率が悪いから爆撃されないと思っていたのであろうか。それでも、3月10日に下町の大半を襲い死者10万人をだした東京大空襲から5月上旬までは、夜間の東京への無差別攻撃が続き、田園調布の一部にも被害が出た。リベラルな評論家清沢洌は、4月18日の日記に、「午後、田園調布の方に見に行く。四間〔六間〕道路の両側は焼失。大竹正太郎君のところを見舞う。爆弾で硝子はめちゃくちゃになったが、家はまだ助かっている。その辺に

母糸子と義脩。1945 年の冬頃、田園調布の自宅の下の庭にて

大穴があいて、家が倒れかかったものが多い」（清沢洌『暗黒日記』岩波書店、1990 年、328 頁）と記している。田園調布駅の西側市街に住んでいた寛治は、東側がやられたと聞いて翌朝走っていき、東調布第二国民学校（現・大田区立田園調布小学校）近くの六間道路に爆弾による大きな穴が開いていたのを確かめて肝を冷やしたことを覚えている。学童疎開から一時戻ってきた三男康雄と長女弘子が、次男久雄に連れられて四国へ縁故疎開に行ったのが、その直後の 4 月 26 日であり、乳飲み子の六男義脩を抱いた母糸子が四男寛治と五男章雄を連れて先発隊の後を追ったのが 5 月 13 日であったことは、第 1 部第 2 章で指摘した通りである。

　こうして命拾いをした石井家の疎開グループは、敗戦後の 1945 年 10 月に無事帰京した。幸い自宅は焼け残っていたが、戦後の混乱期にはわが家の状況も一変した。それまで家事を担当してくれた奉公人はいなくなり、家事労働の多くは糸子の双肩にかかるようになった。乳離れしたばかりの義脩の世話をするものがいなかったので、7 歳年上の寛治が義脩の面倒をみることが多かった。母糸子が食事の用意をしているのを待ちかねてひもじいと泣く義脩は、抱きあげてあやしてもなかなか泣きやまないので、こっちが泣きたいくらいであった。眠そうな義脩を寝かしつけようとして試みたのは、むかし母糸子が寛治を寝かしつけるためにイソップ物語を聞かせてくれたのを真似することであったが、これは効果があった。本人はすっかり忘れているだろうが、アリとキリギリスの話などを聞かせたことは、義脩の勤労の精神を涵養する上で、いささかなりとも貢献したと自負して

いる。

文理融合型青年・義脩の学校生活

　1957年3月に田園調布小学校を卒業した義脩は、寛治・章雄に続いて
田園調布中学校に進み、1960年4月には日比谷高校に次ぐ進学校の小山
台高校に入学した。長兄敏夫が在学した旧制府立第八中学校の後身であり、
当時は同校から東大入試を狙うものも多かった。問題は義脩が、いったい
父親の理系的DNAと母親の文系的DNAのうちいずれの影響を強く受け
ており、将来の進路として理系職業と文系職業のどちらをいつごろ選択し
たのか、ということであるが、それを義脩に聞いてもなかなか明確な回答
は得られなかった。これは質問の設定が間違っているかもしれないと考え、
母糸子の日記から数少ない義脩関係の記述を調べると、興味深いことが判
明した。それは、学校での成績を見る限り、義脩の得意科目が、理系から
文系へ、さらに理系へと動いているように思われることである。
　まず、義脩が小学校4年生2学期末の時点で、母糸子が個人面接に行く

母糸子と六男義脩

と、担任の北村先生は、「今学期は欠席が多く、その為か少々下ったが、有望なのびるお子さんです。数学がよくきれる〔できる〕」と述べたという（1954.12.21）。義脩の成績は、5年生になると学期を追うごとに「よくなって来た」とも言われている（1956.3.23）。田園調布中学校に入ると、1年生1学期末の個人面接で、義脩は「中間テストを六課目も受けていなかったのでその課目は八割しか貰えなかったが、大体ひどく悪くはなかった。期末テストはクラスで十一番、国語、図工が5で、音楽、理科、社会が4、英語、職業家庭科、体育、数学が3だった」と記されている（1957.7.18）。ここで注目されるのは、かつて「よくできる」とされた数学の評価が下がり、全体としては文系科目と理系科目の評価がバランスしていることである。文系科目が悪くなかったのは、義脩自身が寛治の問いに答えて「小学校時代の科目では、社会科が比較的好きでした。地図を見るのも好きでした」と語っているように、もともと文系科目を好んでいたという前提があったのであろう。中学校2年生の3学期には理科が「3」、その他の教科が「4」であり、3年になると高校受験の勉強を始め、夏休み42日間には平均13時間以上という猛勉強ぶりであった。その結果、休み明けの数学のテストでは連続して断然トップの成績を取り、数学教師の吉武先生を驚かせた。夏休み前の怠け者のキリギリスが休み明けには勉強家のアリに大変身していたのだから当然であろう。3年生の2学期には9科目中5科目が「5」となったが、時すでに遅く日比谷高校は無理だと言われ、小山台高校を受けたのであった。

　義脩が小山台高校でのアチーブメント・テストにおいてクラスで4番、全体で17番という好成績をあげたことは第1部第4章で述べたが、実際には同校独自の模擬試験では、クラスで1番（50人）、学年で4番（400人）を取っていた。ただ、将来どんな仕事をするかまでは高校時代には考えておらず、数学が得意科目になりつつあったので、理系の進路を意識しはじめた程度であったという。このように理系科目の中心である数学の成績だ

けを見ても、義脩の得意科目であったかと思うと、平均的な出来ばえに変
わり、さらに得意科目へと上昇しているような変化が見受けられるのであ
る。こうなると、義脩に向かって理系が好きなのか、それとも文系が好き
なのかという質問自体が的を外していたような気がしてくる。要するに義
脩は、純粋理系でも純粋文系でもなく、いずれも努力次第で得意な科目に
してしまう文理融合型の能力をもつ若者だったのであろう。それは新しい
可能性を秘めていると同時に、そうした資質を活かす専門分野を探し当て
るためには試行錯誤の時間が必要になることを意味していた。最終的に医
学部保健学科を選んだ理由のひとつに公害問題への関心があったと述べて
いることは、そうした出会いを示すものと言えるのではなかろうか。後知
恵で言えば、母糸子が東京の大気汚染で喘息の発作に悩まされ、三男康雄
が推進した日本電信電話公社の民営化に沿って次男久雄が「過労死」候補
の「モーレツ社員」として働くようになったことが、六男義脩が選んだよ
うな仕事を社会的に要請し、生み出したと言えるかもしれない。

2.　労働者の健康確保対策一筋で歩んだ職業生活

石井　義脩

　私は、1944 年（昭和 19）8 月 17 日、石井浅八・糸子の六男として田園
調布東口にあった堺田産婦人科医院にて誕生し、義脩と名付けられた。
1972 年（昭和 47）4 月に東京大学医学部保健学科を卒業する前に、就職先
について、当時公害問題に関心をもっていたので発足したばかりの環境庁
（現・省）への就職を考えていたが、保健学科人類生態学教室の鈴木継美
助教授（当時。後に教授）から「公害問題は間もなく終わる、労働衛生で
あれば働く人がある限り必要な分野だ」との貴重なアドバイスをいただい
たので、労働省（現・厚生労働省）入りを目指すことにした。なお、当時

の公害問題には地球環境問題への認識は含まれておらず地域公害だけであった。

労働省では、労働衛生対策の社会的ニーズが拡大しつつあったと判断して、労働基準監督官なみの処遇をする「保健系職員」（ノンキャリア）の採用を開始しており、私はその第一期生２人のうちの１人として採用された。実は、それ以前から東京大学、北里大学、順天堂大学の保健衛生学の教授らが、国家公務員試験に「保健衛生」の技術系キャリア試験の設定を目指して各省庁に働きかけており、多くの省庁の賛同を得たが、肝心の厚生省が医師の職域を侵されるとして反対したため実現しなかった。そこで労働省が単独で「保健系職員」の採用を人事院の承諾を得て始めたのであった。

労働行政においては、「保健系職員」ということもあって、私が本省で勤務した部署は職業病や過労死等の予防対策と労災補償対策を担当する部署ばかりであった。すなわち、私の経歴は、初めから終わりまで労働者の健康問題一筋の経歴であった。もっとも、この一筋の途は、出来上がった広々とした平坦な途ではなく、山あり谷ありの難路であり、それも途なき場所にはみずから途を切り拓いて進まなければならなかったように思う。これらの仕事を進めるためには、産業医学の専門分野（臨床医学、労働衛生工学等を含む）の多くの学者の指導を得る必要があり、私にとっては、その指導が大変貴重な糧となって前進することができた。1970年代が労働者の健康問題への対策の社会的ニーズの拡大時期であったというタイミングに支えられ、私はいくつもの重要な課題に取り組む機会が与えられた。以下、その主要な事柄について述べることにしよう。

労働安全衛生法の制定

1972年（昭和47）4月の採用早々から重要な仕事に参画できた。現在では労働者の健康と安全を守るための基本となる法律である労働安全衛生法を制定する仕事である。それまでは、労働基準法の中に15カ条の安全衛

生に関する規定があり、その下に多くの労働省令（細かいことを規定して
いる規則）があったが、新たな法律案は122カ条という比較的大きな法律
であった。3月に国会に法案提出されており、4月から審議が始まった。50
人ほどの安全衛生部（計画課・安全課・労働衛生課）が総がかりで対応した
が、自分は総元締めにあたる計画課法規係の係員に配属され、直系のライ
ンである安全衛生部長、計画課長、法規担当課長補佐、法規係長、法規係
員は、私以外すべて法律職を中心とするキャリア官僚（国家公務員試験上
級職甲〔現・総合職〕合格者）であった。国会審議のある日の前日は数十問
の答弁書を作成するため、ほとんど役所に泊まりこみであった。当時はタ
クシー券といったものはなく、終電がなくなると自動的に泊まりこみにな
ったのである。当時、労働省の庁舎は省庁のうち唯一霞が関ではなく、大
手町に位置していたので、その庁舎を「大手町ホテル」などと揶揄したも
のである（1983年〔昭和58〕10月に霞が関の新庁舎に移転）。6月2日に法
律が成立し、8日に公布されると、次は法律に基づいて細かいことを定め
る政令、省令、告示の制定作業が始まった。これらは合計で5,000カ条を
超える大量の制定作業であり、同年10月1日の施行に間に合うように、
連日、終電による帰宅や泊まりこみであった。ピークは8月20日頃から
の1か月間であり、この時期の残業時間は概算で200時間ほどにもなった。
そうした折の8月24日に長男の健治が誕生したのであるが、五反田近く
の船員保険病院に会いにいけたのは3日後のことであった。

　こうして施行日前日の9月30日に官報（平日に毎日発行される法令等を
掲載する政府の公式広報紙）4分冊に記された労働省令17本・告示61本が
公布された。しかも、これで一件落着ではなく、大急ぎで官報掲載作業を
行ったためミスが多く、その確認と正誤表の作成がその後も続いた。私は
法学部出身でなかったために、当初は戸惑いも少なくなかったが、種々教
わって馴れることができた。役人である以上、法令に関わる業務は常につ
きものであり、この経験はその後の仕事に大いに役立った。

業務上疾病リストの抜本的改正

1976年（昭和51）4月、労働本省の労働基準局補償課に転勤となった。全国の労働基準監督署が行う労災認定等の実務を統轄する部署である。職員は、課長を除いて全てノンキャリアであった。私が配属となったのは、職業病の労災認定のあり方を担当する「指導係」で、係長と係員2名で構成されており、同様の構成の「職業病認定業務係」とともに仕事を分担していた。

同年5月から専門家の会議を設置し、労働基準法施行規則に掲げられている「業務上疾病」（労災補償の対象となる疾病、すなわち「職業病」とほぼ同義）のリストの抜本的改正作業を開始した。1947年に労働基準法とともに制定された同規則に掲げられている「業務上疾病」のリストは、高度経済成長期に数々の新たな職業病が生じていたにもかかわらず、一度も改正されていなかったからである。もっとも、新たに生じた職業病も労災認定されなかったわけではなく、リストの最後にある「その他業務に起因することの明らかな疾病」に該当するものとして認定されるものがあったが、国民にはわかりにくい状態が続いていたのである。例えば、1955年前後からデータ入力を行うキーパンチャーなどに発生した「頚肩腕症候群」と呼ばれるものなどが具体的に明示されておらず、「その他」の規定に含まれるかたちで取り扱われていた。

当時、リスト改正の具体的な作業を行うのは上述の2つの係の係長以下の6人であるが、その中心となったのは、労働基準監督官として採用されていた優秀な職業病認定業務係長であり、私は事実上その右腕になってこの作業にあたった。英文を含む医学書、医学論文をやたらと読みこみ、専門家会議の議論に供する資料の作成に多くの時間を割いた。専門家会議は1週間ないし10日間に1回開催するという頻度の高い精力的な取り組みであったので、そのための準備作業は大変であった。

　この時期はこの作業とは別に、各種の「業務上疾病」の認定基準（労災請求を受理した労働基準監督署長が労災認定するための基準である行政通達）を新たに策定したり、古い時期に策定されたものを改正するため、それぞれの医学専門家で構成する専門家会議が設置、運営されており、多いときは上述の専門家会議を含めて10日間に6回の専門家会議を開催したほどであった。さらに、前年の1975年8月に大きな社会問題になった「六価クロム問題」（猛毒で作業員が肺がん等になる）に代表されるように、当時、職業病に対する社会の関心が高まっていたことから、国会開会中は担当分野の国会質問が多くなされており、労働省の職員として深夜まで対応することが多かった。長女の啓子が日赤大森病院で誕生したのも長男と同様、このような多忙な時期の1976年5月20日であった。

　「業務上疾病」リストの改正作業は、1977年8月に報告書へとまとめられた。その後、多くの専門家（36人）の意見聴取、審議会における審議等を経て1978年（昭和53）3月9日に審議会答申があり、同月30日に改正省令と告示が公布され、翌日から施行された。この作業を通して労働衛生の主な対象である職業病の全般について学び、その後の仕事の基礎知識を身につけることができた。なお、大学では職業病について関連の研究をする教員はいたが、講義で教わることはなかった。

メンタルヘルス対策のきっかけとなった精神障害の初認定

　現在では年間に500例ほどのうつ病などの精神障害が労災認定されているが、私は、1984年（昭和59）2月にその第一例の認定の仕事を手がけることができた。それ以前にはこのような精神障害の認定は皆無であったため、同年2月24日の毎日新聞朝刊の一面トップに「精神障害に労災初認定」という見出しで報道された。その事例の概要は次のようなものである。

　1978年（昭和53）9月に国鉄から、地下に東北新幹線上野駅を建設するための詳細設計を受注した会社の設計技師（31歳）が、強いストレスを受

けながら業務に従事していた。そのストレスの内容は、①大都市ターミナル駅における極めて大規模な地下駅としての技術上の困難性、②応用例のない新しい耐震技術の導入による技術上の困難性、③相次ぐ国鉄による設計条件の変更による納期確保の困難性、④3社で受注していたがその中心となる会社であったため、会議の開催やその資料作りなども含めて業務量が多く、長時間労働となったこと、などがあげられるほか、社内においては仕事の中心であったその設計技師を上司らがサポートすることがなく、技術的問題について国鉄の技術陣に直接相談するという状況であった。納期までの期間6か月の半ばを過ぎた1979年（昭和54）1月にうつ病を患い、入院や通院による精神科の治療を受けるようになった。同年7月に職場復帰したが、半月ほどで電車に飛び込む自殺を図り、一命はとりとめたが、両下肢切断の重傷を負った。

　技師の同僚らから「これは労災だ」という声があがり、東京の中央労働基準監督署に労災請求がなされた。会社や医療機関などの協力があり、労災認定に必要な資料が十分に収集されたが、前例がないことにより、同労働基準監督署では判断が難しいとして、上部機関である東京労働基準局（現東京労働局）に判断を仰ぐことになった。同労働基準局では専門家の意見を求めたが、判断が困難であるとして労働本省の判断を求めることになった。

　私は、1981年（昭和56）4月からの4年間、前述の補償課職業病認定業務係長を務めていたため、本件の結論を出すための直接の担当者になった。労働本省の補償課は今でもその傾向が強いが労災認定に後ろ向きの姿勢の職員が多く、当時は職員の多くがこの事例を労災として認定することに反対であった。係長である自分の上司として職業病認定調査官、課長補佐、課長がいたが、幸いに課長が本件の分厚い資料に目を通しており、内部議論のために私が作成した認定すべきであるという趣旨の資料を読んで賛意を示してくれた。その結果、職業病認定調査官、課長補佐らも周囲の反対

を抑える役割を果たし、労災認定することができたのである。なお、認定の手続きとして、本省労働基準局長の決裁を受ける必要があり、職業病の予防対策を担当する部署でも、一部の反対があったが、その組織の中心であった労働衛生課長の了承を取ることができた。その労働衛生課長は、本件の労災認定への反響が大きかったことを利用して 1985 年度に向けての予算要求に、国が費用を出して「メンタルヘルスケア研修会」を全国的に開催するための費用を計上した。そして、これが認められることにより、予防対策が始められることになった。

　メンタルヘルス対策は、最近でもパワハラ対策が法制化されるなど様々な取り組みが行われているが、本件が労災として認定されたことが突破口となって対策が発展したことを考えると、私としては労働者の健康問題に少なからざる貢献ができたように思う。

過労死対策への取組み

　前記の「業務上疾病」リストの改正作業において述べた 1978 年（昭和53）3 月 9 日の審議会答申は、単に改正条文についての修正意見を出しただけではなく、それまで一度も改正がなされなかったこともあって、①「今後は専門家で構成する常設の委員会を設置してリストに追加すべき業務上疾病がないか、定期的に検討すること」、②「寒冷な場所における自律神経失調疾患等の疾病、過労による脳疾患・心疾患、ストレスによる消化器疾患・精神神経疾患、改正省令案要綱に例示された以外の職業がんその他改正省令案要綱の審議の過程において問題提起のあった疾病については、定期的検討の一環として、今後さらに検討すること」という行政への注文を記した。

　「過労死」（過重な業務による脳血管疾患、虚血性心疾患等）については、業務上疾病として規定されなかったことから継続検討が求められた。1961 年（昭和 36）には認定基準が定められたが、実際に「過労死」につ

いての労災請求があると労働基準監督署ではこの認定基準が難しいため判断に難渋しており、認定基準を改正する必要があった。このような状況を打開するため、私は、1982年（昭和57）1月、専門家会議の設置、検討を行う必要がある旨を補償課内部で提案し、賛同を得てこの取り組みを始めた。私の過労死対策への取り組みは、この後、断続的に30年近く続くことになる。

脳血管疾患、虚血性心疾患等については、従来の職業病と異なり、一般の人にも多く生じる病気であることから、専門家会議も従来とは異なる分野の専門家が多くを占め、参画した専門家に労災認定に直結する仕事との因果関係などの視点がなかったため、検討がスムーズには進まず、時間がかかることになった。私も人事異動があって結論を見ることなく、担当を離れることになった。

結局、私が最初の地方勤務である富山労働基準局勤務（単身赴任。以後の栃木、大阪、静岡の不連続の3か所の地方勤務も同様だった）のときに報告書がまとめられたが、過重な業務による脳血管疾患や虚血性心疾患等については「業務上疾病」リストに追加する必要がないという結論であり、1987年（昭和62）10月に認定基準の改正が行われた。しかし、これが公表されると、このような基準では労災認定されない事例が多く発生するという批判が盛んになった。マスコミは連日のように過労死問題を報道し、国会でも侃々諤々の審議がなされ、陳情も相次いだ。これが1988年（昭和63）1月から日本社会を揺るがせた「過労死問題」である。こうした世論の高揚に対応して、認定基準の再改正が私の大阪労働基準局勤務時期の1995年（平成7）になされたが、わずかな一部改正にとどまった。

1999年（平成11）6月から2001年（平成13）3月まで、私は最後のポストである補償課職業病認定対策室長を務めたが、その2年目の2000年（平成12）7月に過労死を労災認定すべきか否かを争う裁判の最高裁判決（横浜南労基署長事件）が出て国が敗訴して「認定すべし」という判例が生じた。

判決はそれまでの国の基本的な考え方を覆す内容であり、私はこれを受けてただちに認定基準を抜本的に改正する決意を固め、この方向性に理解を示していた和田攻東京大学名誉教授（後に産業医科大学学長）に座長をお願いして専門家会議を立ち上げた。退職の時期までに数回の会議を開催して改正の方向性を確認して後任に引き継いだ。新たな考え方に基づく認定基準は、2001 年（平成 13）12 月に示され、その後、この改正についての批判は生じていない。この認定基準改正については、厚生労働省退職後にも情報誌に解説記事を記述したり、依頼により学会における教育講演を行ったりしているので、ここでは詳論しない。

　私の次の過労死対策への取り組みは退職後のことである。2001 年（平成 13）12 月の認定基準改正が功を奏して認定数は増加した。すなわち、2000 年度（平成 12）まで 80 人前後（全国の 1 年間の認定数。以下同じ）であったのが、2002 年度（平成 14）から 2013 年度（平成 25）にかけて 300 人台（最多は 2007 年度〔平成 19〕の 392 人）に激増し、2014 年度（平成 26）からは、200 人台となったのである。

　認定数が 300 人台を続けていた 2008 年 8 月、私は厚生労働省の知り合いの大幹部を訪問し、「過労死」の認定数がこれだけ多くなったので、過労死を「業務上疾病」リストの「その他業務に起因することの明らかな疾病」のひとつとして認定してきた考え方を進めて、「過労死」を具体名をあげて規定すべき時期にきていることを進言した。このような進言を敢えて試みたのは、現役の補償課の職員の行政姿勢から判断する限り、いつになっても彼らがこのようなことを発議することはないと考えたからである。

　こうした私の水面下の提案を受けたその大幹部は、この施策を採り上げて下さり、2010 年（平成 22）5 月の法令改正により「過労死」を「業務上疾病」リストに追加することが実現した。これをもって過労死の労災補償対策に関する懸案事項を基本的に片付けることができたという思いであった。

　なお、精神障害については、労災初認定のことしか記述していないが、1999年（平成11）9月（私が担当室長の時期）には精神障害の最初の認定基準の策定をして労災認定数も急増し、2019年度には509人にもなっている。上記の過労死の「業務上疾病」リストへの追加に際しては、精神障害も追加規定された。過労死の予防対策（一般に「過重労働対策」ともいう）については、現役役人時代には担当していないが、前記の2001年12月の認定基準改正と並行して予防対策を担当する労働衛生課から行政指導通達を出すことを検討し、2002年（平成14）2月に実現した。退職後に就職した財団法人産業医学振興財団においては、労働衛生課からの要請を受けてこの行政指導通達の解説と普及を目的とする『産業医のための過重労働による健康障害防止マニュアル』（厚生労働省労働衛生課編、2002年）などを発行している。過重労働対策に関する産業医向けなどの研修会を開催したり、そのためのテキストの刊行も行うなどの取り組みを行った。

　前述のとおり、最近でも過労死が多く認定されており、過労死を発生させない予防対策は道半ばである。働き方改革の法改正も行われたが、過労死の主要な原因である長時間労働について残業規制がなされたものの（改正前は実質無制限）、2012年から2020年までつづいた安倍政権の「経済優先、命と健康は後回し」という政策により法改正の内容は過労死予防対策には程遠く、極めて不十分なものに過ぎない。

ポータルサイト「こころの耳」の企画等

　2009年度（平成21）に厚生労働省はメンタルヘルス対策等の施策の情報発信をするためのポータルサイト（大型のホームページ）を制作する予算を確保し、2009年1月に入札を行った。私の所属していた産業医学振興財団もこれに応札することとし、私を中心に企画することになった。この入札は、「企画競争入札」で価格競争ではない。私の団体を含めて6社が応札し、幸い、私どもの企画が落札された。国の予算が執行できる4月

を待たず、自前の予算で委員会を設置してただちに具体的な検討を開始した。4月から9月をポータルサイトを立ち上げる期間とし、10月1日に開設、その後1年半運営した。委員会においてサイトの名称が提案され、「こころの耳」と決められた。3年目は厚生労働省の事情もあって入札に応札できないことになり、3年目以降は一般財団法人日本産業カウンセラー協会が毎年度受託して今日に至っている。今では「こころの耳」は、中堅企業以上の企業の産業医、人事労務担当者等の多くが知るところとなっている。

　「こころの耳」は単にメンタルヘルス対策等の政策の紹介だけではなく、事例紹介、企業の取組事例紹介、動画による教材、相談できる機関等の紹介、各種セーフティネットの紹介その他多くのコンテンツを掲載することにしていた。なお、当初の企画には、「大規模災害時の対応」のためのコンテンツを掲げており、担当の2年間の最終盤になって東日本大震災の発生があり、短期間で製作して12日後に掲載した。これらの企画のため次のような種々の工夫・取組をした。

　第一に、委員会の委員の選定に際しては、大学教授や大企業の産業医などの専門家のほかに、実際の労働の現場で労働者に向き合っている臨床心理士、出版・映像・文化イベント等のプロデューサーの残間里江子氏、一般国民を代表して意見を述べていただくための某興行会社の元役員、小規模IT企業の社長など多彩な人材を選任するとともに、若手専門家を中心とする数人のメンバーで構成する作業部会を設置して「こころの耳」に掲載する各種コンテンツの製作をしてもらうようにした。

　第二に、参考になる方々を訪問しての聴き取りをした。具体的には、「いのちの電話」の運営の中心となっている方、「自殺支援センター・ライフリンク」を立ち上げて運営している方、1年早く立ち上がっていた文部科学省の予算による「学校保健ポータルサイト」の委員会の委員長で私の大学同期生の東京大学教授などである。これらに加えてマスコミ関係者の意見をきくべく、NHKの知り合いの若手プロデューサーに面会したところ、

自分はメンタルヘルス対策は専門外だといいながら、「情報提供者の立場で考えていくと失敗しますよ」という最も重要なアドバイスをいただいた。私を含めて役人やそのOBは、閲覧する人の立場を考慮せず「自分の立場で物事を考える」ことしかできないということを指摘されたのである。現に、厚生労働省の担当課長から内容の修正の指示が出たが、この言葉に基づいて考えれば修正は不要であると退けることができた。

第三に、自分自身の勉強方法である。私は労働の現場にいるわけではないので、労働者のことを理解するための勉強をいかにするかが課題であった。ひとつの方法は、ドキュメンタリー風の新書本をたくさん読むことであった。権威のある書物ではないが、執筆者が実際に取材して労働者の実情を紹介しているので勉強になった。

この「こころの耳」は、初めて取り組むウェブサイトの仕事であり、産業医学振興財団という十数人の小規模団体のほとんどの職員が参画して行った共同作業であった。慣れない面もあったが、多くの方々にご教示いただきながら、結構楽しくできたと思う。

講義・執筆活動

私は、労働者の健康問題一筋で、研究者の方々の指導を多く受けてきたためか、現役時代から、依頼を受けての様々な講義・執筆活動を行ってきており、2021年現在も続いている。

東京大学医学部保健学科（現在の名称は「健康総合科学科」）の後輩に対する労働衛生の講義（毎年秋に90分講義を6回程度）は、1997年度（平成9）から2016年度（平成28）までの20年間に及んだ。三重大学医学部の学生には年1回の講義であるが、2004年度（平成16）から2020年度（令和2）まで17年となる。日本体育大学保健医療学部では、2017年度（平成29）からわずか3年間であるが、年間30回の講義であり、かなり重かった。産業医研修会における講義は各医師会や団体からの依頼により年間10回

あまり行っている。その他様々なところからの依頼による講義をさせていただいている。

日本体育大学保健医療学部の講義では年間の授業回数が多かったので、教科書とすることを兼ねて『産業医・産業保健スタッフ必携　産業保健の基礎——法令と実務』（2017年、新日本法規出版）を上梓した。初の単独執筆の書籍である。なお、関係法令の改正や新たな通達の発出が毎年多くあるので、「追補2019年4月」（30ページ）、さらに「追補2020年4月」（45ページ）を作成して購入したことがわかっている方と私の講義の受講者のうち希望表明された購読者にメールで無料配布している。

10年あまり前から継続執筆してきた書籍『産業保健の記録2020——産業保健政策の変遷と課題』を、2020年12月1日に上梓した。現役役人時代から労働衛生の歴史に関心があり、日本産業衛生学会（会員数8,000人あまり）に30ほどある研究会のひとつの「労働衛生史研究会」にほぼ毎回参加している。役所を退職してから執筆するつもりでいたが、なかなか着手できないでいた。退職から日が浅い時期に、3番目の康雄兄から「やりたいことがあるならすぐに着手すべきだ」とアドバイスをもらっていたのに、である。機会があるたびに古書店をあさったり、先輩から古書を譲ってもらったりして、少しずつ資料を収集してきた。60代半ばから具体的な執筆を始めた。学者の執筆による立派な労働衛生の歴史書もあるが（例えば、三浦豊彦『労働と健康の歴史』全7巻、労働科学研究所出版部、1972-1992年）、前記のように重要な施策に関与してきた経過を後輩や若手研究者の参考に供するつもりで、独自の内容とした。さらに、最近になって、南スーダン自衛隊日報問題、森友学園にかかる公文書改ざん問題、労働行政における不適切統計問題などの記録の問題が取り沙汰されるようになり、「歴史書を書くより、記録を残す」ことを中心とする方が自分に向いていると考えるに及んで、前記の書籍名とすることとしている。1年前までには、800ページあまりを記述していたが、労働行政があまり公表してこなかっ

たやや古い労働衛生統計や労災補償統計、さらに専門家会議の報告書などを入手できた範囲で記録にとどめることにしたため、現在までのページ数は倍増している。この書籍は読者が限られることもあり、出版社に発行してもらえるようなものではなく、さりとて自費出版でも分厚い書籍では高額なものになってしまうので、読者にはやや不便ながら、パソコンなどで読んでもらうべく、CD-ROM として販売することにした。目次と該当箇所を内部リンクして参照したい箇所をすぐに開くことができるようにし、価格も安価に設定した。私自身の発行・発売であり、購入申込は私宛てのメールのみである。ちなみに申込の場合は、氏名、郵便番号、住所、購入冊数を記入して "ishii_yoshimasaz@yahoo.co.jp" にメールしていただくことにしている。

　多数の講義・講演の記録と執筆した記事・書籍の記録はそれぞれリスト化しているが、ボリュームも大きいので、ここでは割愛させていただく。今後も執筆したい書籍が少なくとも 2 点あるので、健康に留意するつもりであるが、健康寿命がいつまで与えられるか、こればかりはわからない。

おわりに

　最後に、上記のように、幸運にも恵まれ、世の中に役立つ仕事を少しばかりさせていただいたが、仕事の取り組みの背景として当然ながら家族の理解と協力があったのである。私が仕事に専念できるように配慮し、生活を支えてくれた妻・順子と子どもたちに感謝をしたい。家庭のことは妻・順子に任せきりで、長男・健治、長女・啓子も不満を我慢してもらっていたものと思う。富山（1986-1988 年）、栃木（1988-1989 年）、大阪（1994-1996 年）、静岡（1997-1999 年）の 4 か所の地方勤務はすべて単身赴任で、家族には寂しい思いもさせたものと思う。こうした家族に重ねて深く感謝をしたい。

六男・石井義脩の略年表

1944	8.17	石井浅八・糸子の六男として出生
1945	5.13	香川県へ縁故疎開
	10. –	疎開先から田園調布の自宅へ戻る
1957	3.31	大田区立田園調布小学校卒業（第 29 回）
	4. 1	大田区立田園調布中学校入学
1960	4. 1	都立小山台高校入学
1964	4. 1	東京大学理科二類入学
	12.20	キリスト教の受洗
1969	7. 4	甘利順子と結婚
1972	4. 1	東京大学医学部保健学科を卒業、労働省に入省
	8.24	妻順子、長男健治を出産
1976	5.20	妻順子、長女啓子を出産
1984	2.21	労働省・職業病認定業務係長として精神障害を初めて労災認定
1986	4. 1	富山労働基準局安全衛生課長として初の地方勤務（88 年 3 月まで）
1988	4. 1	栃木労働基準局安全衛生課長（89 年 3 月まで）
1994	4. 1	大阪労働基準局労働衛生課長（96 年 3 月まで）、阪神淡路大震災を機に大震災時の労働衛生対応の基礎をつくる
1997	4. 1	静岡労働基準局次長（1999 年 5 月まで）
	–. –	東京大学医学部保健学科で労働衛生を講義（2018 年度まで）
2000	11.30	過労死の労災認定基準改正の専門家会議を開催し、方向性を確定
2001	4. 1	職業病認定対策室長を最後に厚生労働省を退職
	4. 2	財団法人産業医学振興財団に就職（2011 年 9 月退職）
2004	10. 1	三重大学医学部非常勤講師（～現在）
2012	1. –	公益社団法人全国労働衛生団体連合会非常勤嘱託（2015 年 5 月まで）
	4. 1	東京・神奈川産業保健総合支援センター産業保健相談員（～現在）
2013	10. 1	産業医科大学産業衛生教授（称号～現在）
2017	4. 1	日本体育大学保健医療学部非常勤講師（2020 年退任）

（資料）演説
「本邦に於ける市内電話の普及発達並に之が経済的施設に関する一考察」

電信電話学会会員・逓信省工務局電話課　石井浅八

　以下は『電信電話学会雑誌』第 116 号、1932 年 11 月、1313-1320 頁所収の石井浅八による講演を転載したものである。電信電話学会での石井浅八の本講演は、海外留学から帰った立場から日本の電話事業の国際的遅れを指摘し、その打開策を先進国の官営・民営の双方の事例から分析したもので、通信特別会計を目指す逓信省の努力を踏まえつつ、その先の民営化を見通している。なお転載にあたって旧字体は新字体に改め、かなづかいも現代風に改めた。

Ⅰ．緒言

　我国に於ける市内電話の普及程度は、欧米諸国のそれに比して甚だ遜色あるは、既に周知の事実であるが、今試みに第一図乃至第三図に示せる電話統計を見れば、如何に其普及率が低いかを今更の如くに痛感するのであ

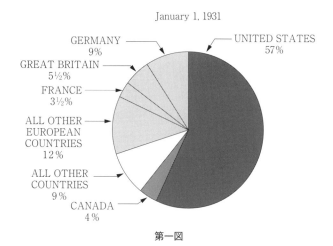

第一図

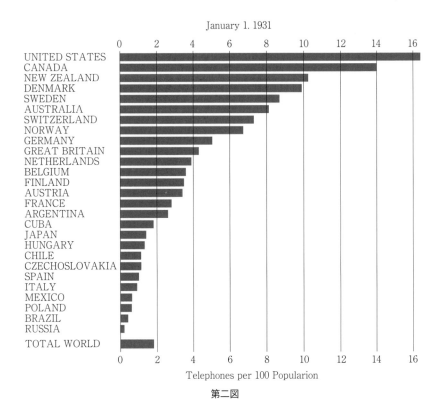

January 1. 1931

Telephones per 100 Popularion

第二図

る。

　此電話の普及率の低い原因は種々あるも、就中官営の為国家の予算に制せられて、需要に応ずる拡張が出来ないこと、又国民の文化並に富の程度の比較的低いこと、或は国家財政上の都合によって電話設備負担金の徴収を余儀なくしていること、及電話料金の不廉等の為なるは謂うまでもなく、他面一般公衆の電話に対する認識不足の点も、相当大なる原因をなして居る様に思われる。尚電話普及上更に大なる影響を及ぼして居るものは、国家財政上の都合とか或は政変等の為に、従来電話拡張計画が屡々変更せられたことであって、斯くの如き状態を何時までも持続するに於ては、電話の経済的施設とか或は其円満なる普及発展等の困難なるは勿論、延いては

一般公衆の要望を充たすことは、到底望むことは出来ないと思う。

　之が根本的改革の第一階梯として、従来或は電話民営案が強調せられ、或は特別会計制度の採用説等が相継いで唱道せられた許りでなく、現に後者の確立に依って電話拡張計画に対して、これまで経験した最大の欠陥を除去しようとする議案が持ち上っている有様である。

　而して一般電話拡張計画の根本方針が、仮令国家財政上の都合等によるとは謂え、屢々変更を見るが如きは、電話行政上最も憂うべき現象である。尚一般会計に於ても亦電話拡張計画の基礎に動揺を来さない様にすることは全然不可能ではないのであって、一般公衆の文化の程度の向上と、電話事業に対する公衆の理解とに依っては政変等によって其計画の変更を来す様なことはなくなり、決して電話民営等に劣る所なく之が普及発達を見ることが出来るのではないかと思われる。即ち吾人は之に関する好適例を英国に於て見出すことが出来る。

　されば電話が民営の場合に於ても、又は現在の如き一般会計制度に於ても、或は将来特別会計制度の実施せられる暁に於ても、能く収支の権衡をはかって、電話事業の健全なる発達を遂げしめる為には、毎年度の電話拡張計画に齟齬を来さないように、事業の経営方針を一層改善する為に、一段の努力を払う必要があるのは謂うまでもないことである。

　之が為には前述の如く、先ず第一に電話拡張計画の基礎を確立することの必要なるは勿論であって、尚次に述べる様な方策をも樹立すると同時に、之が実現を期するのは、電話の経済的施設と相俟って、其円満なる普及発達を遂げる為に、最も大切であって、延いては一般公衆の要望を充たすこととなり、益々国利民福を増進する所以であると信ずる。

　惟うに市内電話の普及発達を図るためには、其設備負担金を全免するは勿論常時電話加入の申請を受理する様にし、而も事業経営上最も合理的に電話料金の改正を行うのが、理想的であると考えられるのであって、欧米各国の例を見ても此間の消息は充分首肯出来る事柄である。併しながら我

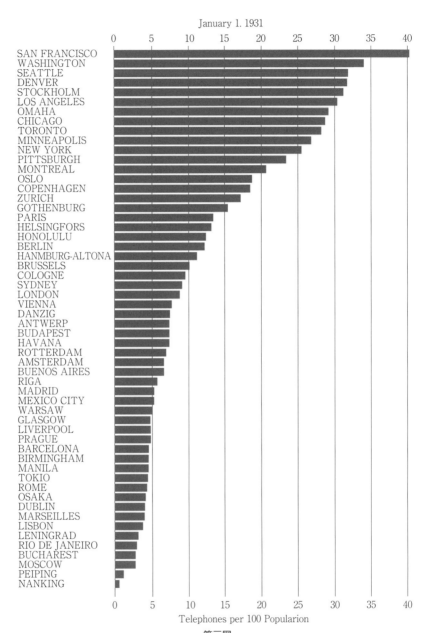

January 1. 1931

第三図

国に於ては国家財政上の関係等をも考慮して、漸次此理想に向って実現を期すべき状態であって、欧米諸国の事情と相異るが故に、今日の如き電話の市価を招来して変則的現象を呈せる過渡期に於ては、如何にすれば、将来一日も早く上述の理想を実現することが出来るかと言う事に就て、先ず事業の経営方法に関して、改善工夫を凝らす必要があると思う。

　然らば市内電話の普及発達を図り、而も之が経済的施設をなすには、如何なる方策を採ればよいかと云ふ問題が起って来るのであって、之が対策の一として以下述ぶるが如き方法を提案せんとするのであるが、今之を要約すれば、電話拡張計画、市内電話の発展調査、電話加入の勧誘、電話線路機械の設計、並に工事、及技術の調査研究の六項目の完全なる連絡統制に依って、初めて其目的を達成することが出来るのであって、萬一此等の統制が円滑に行われねば、市内電話延いては一般電話事業の円満なる発達は到底望むことは出来ないのではないかと考えられる。

Ⅱ. 市内電話の発展調査

　一都市に於ける電話拡張計画を為すに当っては、先ず電話の発展調査を完全に行うと共に、之に依って得たる資料を基礎として、将来に於ける計画を樹立すべきであって、更に此発展調査の重要性は電話線路機械の設計並に工事上にも関係するところ甚だ大であって、延いては電話の経済的施設が行われるか否かの問題も、之によって大いに左右せられるのである。

　然らば市内電話の発展調査とは何を意味するかと言えば、要するに一地域内に於て、将来に於ける電話加入者の分布状態を予想する為に、調査を行うことを云うのであるが、通常行われている方法は Block Survey System と称えるものである。

　此方法は一都市に於ける将来の電話加入者数を予想するに当って、従来本邦に於て行われているが如く、単に其平均増加率等によって算定するの

ではなく、もっと入念に各ブロック毎に予想加入者数を調査し、此発展調査資料を基として電話拡張計画は素より、市内電話線路機械の設計をなす建前となっている。而して一都市に於ける各ブロック毎の調査を行うためには、先ず予備調査なる名目の下に、調査せんとする区域内に於て、都市計画の範囲及内容、道路計画の有無、瓦斯、電燈、水道の計画、鉄道、電車、バスの計画、土地会社の経営の有無、市営住宅、其他一般住宅組合等の有無、会社、工場等の設立計画の有無、或は高層建築物其他一般家屋の計画の有無等、苟も将来新規電話加入者の増加を来す見込のあるものに就て、外部的資料の蒐集に努めるのである。次に本格的調査即ち主として内面的調査に移るのであるが、之が調査方法は同一ブロック内に於ける現存電話加入者の職業別占有家屋敷を調査すると共に、他面該ブロック内に於ける現存並に将来増加すべき未加入者の職業別占有家屋敷をも調査し、尚其上此等の未加入者の富の程度等をも併せて調査するのである。又同一職業で而も富の程度の略同一の占有家屋に対して其電話の増加率を求め、之を基準として未加入の各占有家屋敷に対し、各ブロック別に将来の想定加入者数を算定するのである。而して本調査は発展予想期間中電話料金等は、調査当時のそれと同一のものと仮定して行うのである。従って電話料金の改定或は経済界の変動等に依って、電話の増加率にある修正率を、考慮に入れる必要が起って来るのは謂うまでもない。

　以上の如くにして一ブロック内の終局並に中間期の加入者数を知る時は、之を基として架空又は地下線路の設計をなす段取となるのであるが、他面既設線路の有無等をも調査し、経済比較即ち年経費現価の比較に依って、先ず架空線路を採用すべきか、或は地下線路とすべきかを定めるのである。而して此経済比較をなす為に、予め各種主要工事材料の年経費率及消耗価格率或は各種単金等の表又は曲線を作って置く必要がある。

　又電話交換方式変更とか、或は交換局開始の計画設計に当って、理論上の電話網中心点の決定、敷地並に建築物の大きさの選定或は局内装置の型

式及容量等を定める上に於ても、此発展調査資料を有効適切に使用し得る
のであって、更に重要なることは、斯くの如くにして全国的に発展調査を
行って得たる資料は、例えば今後十五ヶ年間に如何程の電話加入者が得ら
れるかを予想し得ることとなり、従って一般市内電話拡張計画の基礎とな
すことが出来るのである。

　而して英、米両国に於ける市内電話の発展調査及後述の電話加入の勧誘
方法等に就ては、参考とするに足るべき事項が多々ある様に思われるので
あるが、今試みに英国郵政庁管下に於ける市内電話の発展調査員（Devel-
opment officer）及電話勧誘員（Canvassing officer）を挙げて見ると、1930
年度調の総人員は次に示せる如く 711 人の多きに達して居る。

コントラクト・オフィサー（第一級）$\left\{\begin{array}{ll}\text{ロンドン} & 17 \text{ 人} \\ \text{地方} & 56 \text{ 人}\end{array}\right.$

コントラクト・オフィサー（第二級）$\left\{\begin{array}{ll}\text{ロンドン} & 151 \text{ 人} \\ \text{地方} & 487 \text{ 人}\end{array}\right.$

Ⅲ．電話加入の勧誘

　上述の如くなるを以て、曩に得たる電話の発展調査資料に依って、設計
せる施設物を最も有効に使用する為には、勢い年々歳々一定の新増設加入
者を得ることの必要なるは謂うまでもない。

　従って出来得る限り電話の発展調査に依って予想した、将来の加入者数
に出来得るだけ一致せしめる為には、必要の場合には財界の変動なき平時
に於ては勿論、今日の如き世界的不況時に於ては、特に拱手傍観の態度を
捨て、更に積極的に而も最も合理的に電話加入の勧誘方法を採用するに如
くものはないと思う。斯くの如くすれば毎年一定数の加入者を獲得するこ
とに依って、既定計画を極めて容易に遂行することが出来るのみならず、

此周知宣伝に依って一般公衆に対しても電話の知識を普及せしめることが出来る関係上、益々之が運用を円滑にすると共に、将来に於て一層加入者数を増加する様になる。尚更に重要なるは以上の電話に関する周知宣伝の副産物として、電話拡張計画とか電話料金問題等に就て、力強き輿論を作り上げることが出来れば、仮令現行通りの一般会計制度であっても電話拡張計画が、政変等に依って其基礎が変更される様なことが無くなる許りでなく、之が動機となって最も合理的に電話料金を改定することも敢て難事でないと思う。此実例は英国に於て見ることが出来るのである。

斯くの如く観ずれば電話の周知宣伝に依って輿論を作ることが、現今の我国状に照して電話の普及発達を図る最上の方策であると考えられるのである。尚斯くの如くにして殆ど不変に当初の計画通り、毎年市内電話加入者の増加を来せば、市外電話回線も亦必然的に漸増する様になる。尚間接的には民間製造会社の繁栄を招来することとなって、益々技術の進歩発展を促進し、延いては漸次純国産品使用の実を挙げ得る様になると思う。

之を要するに上述の電話加入勧誘と電話の発展調査とは相倚り、相助けて、完全なる資料を得る様努力すべきであって、他面技術的設計に当っては、此等の資料に依って市内電話の終局設計とか或は中間期の設計を、最も経済的に作成することが出来るのである。而して市内電話線路機械の設備完成の暁に於て、電話加入の勧誘に依って曩に想定した加入者数を、最も確実に得る様に努める時は、極めて能率よく此等の施設物を利用することを得るが故に、予備施設物を最小限度にとどめることとなり、茲に初めて経済的施設の目的を達することが出来るのである。

Ⅳ. 技術の調査研究

然るに一都市に於ける市内電話は、其加入者数の増加するに連れて、一加入者当りの創設費は益々増嵩する傾向をもって居るので、従来と同様に

電話の収入を挙げる為には、自然電話料金の値上問題が起って来るのである。併しながら電話料金の値上は、常に一般輿論の反対に遭うばかりでなく、強いて之が値上を断行する時は必然的結果として、新増設加入者数は減少する様になる。従って電話の普及発達を阻害することが甚大となる関係上、電話事業経営者は別途の方法によって、上述の電話創設費等の低減を図る必要が生じて来る。即ち之が対策としては種々あることと考えられるが、就中技術の調査機関を設け、技術の調査研究によって其工事費等の低減を図る方法が、最も策の得たるものと信ずるのである。

　而して之が好適例に就ては英、独、米等の諸国に於て見ることが出来る。即ち英国郵政庁工務局に於ける調査研究機関としての Research Section, 独逸逓信省に於ける Reichspostzentralamt, 及米国に於ける亜米利加電信電話会社とウエスターン電気会社との共同出資にかかる、ベル電話研究所の如きは其代表的のものであって、而も設備の完備せること、或は従事員の充実せること等は周知の通りであるが、特にベル電話研究所に於ける電信電話調査研究費の如きは、毎年約 19,000,000 弗の巨額に達して居る現況であって、其従事員も亦約 4,600 人の多きに及んでいる。

　然らば一体斯くの如き多額の調査研究費を支出して、果して採算がとれるのであるか否かの問題が起って来るのであるが、実際事業経営法の合理化に依って、収支相償って尚相当の利益をあげて居るのは、一に民営なるが故に斯くまでに事業の経済化が出来るのであると思う。此意味に於て電話事業は民営とするのを最も得策と考えられるのである。更に詳述すれば既述の如くベル電話研究所は A.T.&T. 会社と W.E.会社との共同出資の建前になって居る上に A.T.&T. 会社は二十有余の組合会社を有して居る関係上、ベル電話研究所の経費は結局ベル系統の電話会社の共同負担となるのである。而して此研究所に於ては主として基礎的研究、応用方面の調査研究、及設計試作の三つの部門に分たれて居り、尚此外副業として製作業の一部を兼営して居るが、調査研究の結果より生ずる製造事業は、W.E. 会

社が管掌することとなって居り、製品は組合会社等に売込む仕組になっている。

　之を要するに基礎的研究、応用方面の調査研究、設計試作、製造及販売の関係は誠に整然とした統制の下にある計りでなく、之に要する資本は循環的に運転せしめて、事業の合理化をはかって居るのである。

　上述の如き有様であるが故に、技術の調査研究に依って電話の創設費並に年経費を低減して、其支出を出来るだけ少くするのみならず、更に良好のサービスを与える様に四六時中工夫改善をはかって居る為に、厄介な電話料金の値上問題等に触れることなく、益々事業が発展して居るのであって、此等の既往の実績を見れば、如何に技術の調査研究の重要であるかがわかるのみならず、而も米国に於ける電話普及発達の顕著であって、到底他の追従を許さないことの偶然でないことが予想できることと思う。

V. 結語

　既述の市内電話の普及発達並に其経済的施設は、第四図に示すが如く、(1)、(2)、(3)、(4)、(5)、及 (6) 間の完全なる連絡統制に依って、其目的を達することが出来るのであるが、此等の内 (2)、(3) 及 (6) に就ては、其他のものに比べて我国に於ては、未だ充分の調査なり施設が出来ていない為に、自然此等の間に於ける統制を欠く様な結果となって居る様に思われるのである。

　従って本邦に於ける市内電話の普及発達を図り、併せて其経済的施設を為す為には、先ず上述の (2)、(3)、及 (6) の調査又は施設に対して一層考究の上、之が実現をはかると共に、更に進んで (1)、(4)、及 (5) との円満なる連絡を保つの必要があると思う。特に技術の調査研究に対しては一層設備の完備、従事員の充実及調査研究費用の増額の必要なることを強調するのであるが、他面技術の調査研究方法の一端として、同一官庁内部

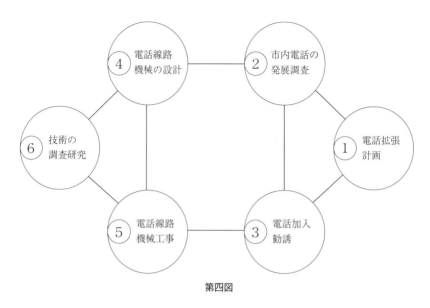

第四図

間に於ても其連絡方法に欠けている点は無いか、又官庁相互間の連絡は円滑に行われて居るか、更に官民相互間の連絡統制方法は現行の儘に甘じて居て差支えはないか、或は民間会社相互間に於ても亦事業経営上一層合理化すべき余地はないか、筆者は此等の諸問題に就て欧米諸国のそれと思い比べて、更に一段の工夫改善すべき余地が尚多々ある様に思われるのであって、此等の具体的案に就ては、切に識者の教を乞うと共に其実現を望む次第である。

あ と が き

石井　寛治

　本書の成り立ちの発端は、石井家の五男章雄が、2018年の暮れに石井
浅八・糸子と7人の子どもたちの石井家の歴史を編纂したいと四男寛治に
提案したことにあった。それは面白そうだから準備をしようと、長女弘子
と3人で田園調布に住む最年長の次男久雄宅を訪ね、四国の石井家の先祖
のことや久雄がキリスト教の牧師になる途を選ばなかった経緯などを2時
間あまり聞いた。さらに、弘子から母糸子の日記を見せてもらった寛治が、
通読して興味を持ち、日記からのノートをもとに3人で再度久雄からヒヤ
リングをした。その後、三男康雄が体調を崩して入院して、2020年1月
に亡くなり、久雄も倒れて入院し、回復後は老人ホームへ入居したため、
執筆を急ぐことにし、寛治がつくった2部構成の目次をもとに関係者に執
筆を依頼した。新型コロナウイルスの感染が広がった2020年3月下旬か
らは、寛治は自宅に籠って、子どもたちが独立するまでの第1部の石井家
の歴史を書きはじめ、4月いっぱいで第2部の個々の子どもの活躍を記し
た各章へのイントロダクションと寛治の自伝も脱稿したところ、それに刺
激されて、六男義脩、長女弘子、五男章雄も相次いで自伝を書き上げた。
敏夫・久雄・康雄については親しい方々に回顧文を依頼し、浅八による講
演記録も資料として採録することにした。

　原稿の編集は寛治が担当したが、中身は各自が自由に書くことにし、統
一的な問題設定があったわけではない。本来ならば、大黒柱である逓信技
術官僚の石井浅八の経歴と仕事ぶりを書くべきだが、資料収集の限界から、
浅八の具体的活動については、講演記録を通じて市内電話の普及策に関す

る先見の明があったことを説いただけに終わった。戦時下の浅八はアジア大陸での電話網の拡大を担当し、それが一段落したところで「出世」コースから外れ、間もなく辞官し、電気機械統制会を担当した。上司の通信官僚で電電公社初代総裁となる梶井剛や、後輩の通信技術官僚として天才ぶりを発揮した松前重義（東海大学創設者）の間に立っていた浅八の仕事ぶりについては、『通信タイムス』に載った浅八の同僚たちの追悼文が異口同音に浅八を「仕事の鬼」だと評したことを紹介するにとどまり、本格的な評価はできなかった。

　今後はさらに、前島密以来の通信官僚に関する歴史分析による石井浅八の歴史的位置づけが必要であり、それは近代日本国家における政治家と実務官僚の独特な関係を究明する手がかりともなるであろう。すなわち、明治維新後の薩長藩閥の脆弱な政治支配を、旧幕臣からなる有能な実務官僚層が、世界宗教に代表される普遍的価値による自己反省をともないつつ下から支えていったが、石井浅八のような小学校の義務教育を受ける世代の官僚層は、福沢諭吉・前島密・渋沢栄一ら旧幕臣層が寺子屋で学んだ儒教・仏教などの普遍的価値を教わる暇もないまま、高等教育によって専門的知識だけを学ぶように変わったのである。この点は、軍部の政治的進出が顕著になると、軍人教育が戦術面に偏っている欠陥としてしばしば指摘されるが、同様な欠陥は政治家の供給源となる文人官僚の養成についても存在するように思われるのである。

　自分の仕事に熱中する夫浅八を支えつつ7人の子どもを育てた主役は妻糸子であり、その日記を多用した本書の第1部は、栗原哲也さんから「母物語」みたいだと評される面がたしかにある。浅八は子煩悩であったが、子どもの将来については古い家父長的意識に立っており、それに抗して糸子が子ども本位のリベラルな教育観を貫いた結果が、石井家の子どもの多様な人生となったといえよう。石井家の子どもに共通するのは、第2部か

ら明らかなように父親譲りの仕事好きのエートスであり、それぞれが試行錯誤の末に選んだ専門分野でとことん働き抜く途を歩んだと言ってよい。

アメリカの大学で長男敏夫が病没するまで熱中した世界の最先端をゆく研究活動や、五男章雄がアメリカ全土に亘る清水建設の事業整理と再展開の中で倒れる寸前に至ったことなどは、スケールの大きさと極限的な多忙さを示すものと言えよう。しかし、日本国内での次男久雄の飛行機を用いた営業活動や、牧師の妻としての長女弘子の物心両面での多面的活動、四男寛治の東京大学を日本経済史研究の中枢に押し上げた研究活動や学内行政への参加、六男義脩による「過労死」対策実現までの労苦多い活動もまた、ギリギリまで多忙な日々を送った点では、アメリカでの兄弟たちの多忙さと共通していた。その点では、三男康雄が例外をなし、「仕事人間」を乗り越えた「自由人」としてのゆとりある生活を過ごしていたように見えるが、実際どうであったかは見解が分かれるかもしれない。

このように、石井家の子どもたちの多くが、「仕事人間」たることに誇りをもつ父浅八の生き方を超えるかのように猛烈に働く毎日を送っていたとすれば、いかに生きるべきかを立ち止まって反省するために、生活の中にゆとりの自由時間を作り出すことは、きわめて困難な要求であったように思われる。自由時間は単に、絶対的存在（人格・思想）としての普遍的価値に向き合って自己の生き方そのものを反省するために必要なだけではない。各自が理系と文系の異なるコースを歩みながら、取り組むべき課題が「専門人間」化だけでは対応できないほど複雑化することに対して、いかにして適切な対応をするかを思い巡らす時間としても必要なものだったはずである。この点では、石井家の子どもたちの経験は、必ずしも十分な答えを示したとは言えず、むしろ多くの課題を残したと言うべきであろう。

石井家の子どもの場合、戦後日本の文系世界における若者の有力選択肢であったキリスト教とマルクス主義に実践的にかかわる者は、牧師の妻と

なった長女弘子を別にすれば、次男久雄が牧師の途を選ばず、四男寛治が
マルクス主義者の途を拒否したため、現れなかった。石井家の子どもが若
い時からキリスト教との関係が強かったことは、農村伝道から都市伝道に
シフトした日本のキリスト教の流れに沿うものだったが、それ自体が日本
のキリスト教の観念的な限界を意味したのかもしれない。寛治のように、
そうした観念性に反発して教会から離脱する者も現れたが、キリスト教会
としては、飯澤忠・弘子夫妻のように地道に炭鉱での伝道に取り組んで苦
労した経験を大事にする生き方の方が注目されよう。もちろん、長男敏
夫・三男康雄・五男章雄のような非キリスト教徒もいるが、問題は、自分
の生き方を反省する自由な時間をもつことによって、グローバル化の進む
現代世界での普遍的な生き方とそのための方法を模索できたかどうかなの
である。労働時間の制限は、モーセの十戒を信ずるか否かに関わりなく、
自分自身の生きる方向と手段についての問いかけを持てるかどうかに関わ
るものであり、人間らしい労働と生活を再生産する上で不可欠な条件であ
ると言えよう。

　本書は、人びとの人生行路に生ずる諸問題についての模範答案を示すも
のではなく、問題の所在を示すいくつかの具体例を提供するものに過ぎな
い。われわれの生涯を振り返って一冊の書物とする機会を与えてくださっ
た日本経済評論社・前社長の栗原哲也氏と、懇切丁寧な本作りをしてくだ
さった同社の編集者新井由紀子氏、中村裕太氏には心からの感謝を申し上
げたい。

　　2020 年　10 月

編者紹介

石井寛治
（いし い かん じ）

1938 年、石井浅八・糸子の四男として、東京で生まれる。都立日
比谷高校を経て、1960 年、東京大学経済学部を卒業。同大学大学
院経済学研究科博士課程において近代日本経済史を専攻。1965 年
から同大学経済学部助手、助教授、教授となり、1998 年名誉教授。
東京経済大学において 10 年間教鞭を取り、2009 年日本学士院会員
となり現在に至る。
主要著書は、『日本蚕糸業史分析』（東京大学出版会、1972 年）、『近
代日本とイギリス資本』（東京大学出版会、1984 年）、『経済発展と
両替商金融』（有斐閣、2007 年）、『帝国主義日本の対外戦略』（名
古屋大学出版会、2012 年）など。

石井家の人びと
「仕事人間」を超えて

2021 年 4 月 25 日　第 1 刷発行

定価（本体 2100 円 + 税）

編　者　石　井　寛　治

発 行 者　柿　﨑　　　均

発 行 所　　株式会社 日本経済評論社

〒101-0062 東京都千代田区神田駿河台 1-7-7
電話 03-5577-7286　FAX 03-5577-2803
E-mail：info8188@nikkeihyo.co.jp
URL：http://www.nikkeihyo.co.jp
振替 00130-3-157198

装丁・渡辺美知子　　　印刷・文昇堂／製本・誠製本

落丁本・乱丁本はお取り換え致します　　Printed in Japan

© Ishii Kanji et al., 2021

ISBN978-4-8188-2590-1 C1023